EU 통상정책

한-EU 자유무역협정 이후 비관세장벽에 관한 연구 :
사회적 · 윤리적 구매정책을 중심으로

"이 저서는 2010년 정부재원(교육과학기술부 인문사회 연구역량강화사업)
으로 한국연구재단의 지원을 받아 연구되었음. [NRF-2010-354-B00008]."

"This work was supported by the National Research Foundation of Korea
Grant funded by the Korean Government. [NRF-2010-354-B00008]."

● EU 통상정책

저자_이종서

발행_2013년 9월 27일
교정_높이깊이
편집디자인_편집부
표지디자인_조성준

발행처_높이깊이
발행인_김덕중

출판등록_제4-183호

주소 서울 성동구 성수1가동 22-6 우편번호 133-819
전화 02)463-2023(代) 팩스 02)2285-6244

E-mail_djysdj@naver.com

정가 12,000원

ISBN 978-89-7588-260-9

머리말

| EU 통상정책

    초기 6개국으로 출범한 유럽공동체는 2013년 7월 크로아티아의 가입으로 유럽연합은 총 28개국으로 구성된 세계 최대의 거대 경제권이 되었다. 총인구 5억 명, 총 GDP 18조 3천억 달러로 세계 총 GDP의 33%를 차지하고 있는 거대경제권 유럽연합의 상품교역액(4조2천억 달러, 2008년 기준)도 전 세계 교역의 17.1%를 차지하고 있어, 미국의 14.1%, 중국의 10.4%, 일본의 6.3%를 크게 앞서는 규모이다.

    유럽연합 집행위원회는 유럽연합이 다른 시장에 비해 관세율이 높고 다양한 비관세장벽이 존재하는 시장임을 감안할 때 한-유럽연합 FTA 발효 후 2013년 현재 2%대에 머물고 있는 한국의 유럽연합 시장점유율이 3.9% 수준으로 상승할 것으로 전망하고 있다. 그러나 이는 단순 전망치이고 앞으로의 대외교역 협상의 초점은 관세장벽에서 비관세장벽으로 옮겨갈 것으로 보이므로 이에 대한 철저한 대비책이 필요한 때이다. 비관세장벽이란 관세 이외에 자유로운 무역활동을 방해할 수 있는 일체의 규제활동을 의미한다.

    비관세장벽은 환경규제, 기술장벽 규제, 위생 및 검역조치, 수입규제, 원산지규정의 강화, 수량제한 등 다양한 형태로 이루어지고 있다. 비관세장벽은 국가마다 고유한 제도와 기준으로 구성되어 있어 정확한 실체를 파악하기가 어렵다. 특히 자국민 안전과 환경보호, 인권 등 합법적인 조치의 형태를 띠고 있기 때문에 국제협상을 통한 조정과 철폐가 어렵다. 관세가 무역장벽에서 차지하는 비중은 상당히 감소한 반면, 비관세장벽이 수출을 가로막는 걸림돌이 될 것은 거의 확실하다. 이처럼 한-EU 간에는 관세장벽이 철폐됨에 따라 비관세장벽이 갖는 상대적인 중요성이 커질 것으로 보인다.

이에 본 연구는 유럽연합의 역내 경제 하부를 발전시키기 위한 산업정책적 고려, 유럽차원의 보편적 이익 제공이라는 사회정책적 고려 그리고 비관세장벽구조를 결정하는 규제정책적 고려가 포함되어 있는 공동통상정책의 차별적 특성과 기업활동에 큰 영향을 미칠 수 있는 비관세장벽을 분석하였다.

2013년 8월
저자 씀

목 차

| EU 통상정책

01 연구의 필요성 및 목적 ······ 7
제1절 | 유럽연합과 사회적 책임 ······ 9
1. 사회적 책임의 확대 ······ 11
2. 주민의 삶의 질 향상 vs. 비관세장벽 ······ 15
제2절 | 세계화와 보호무역 ······ 18
1. 세계화, 국민국가, 유럽연합 ······ 21
2. 경제적 국제주의와 정치적 민족주의의 결합 ······ 23

02 지역통합과 자유무역의 양립가능성 ······ 29
제1절 | 자유무역의 이상과 현실 ······ 31
1. 시장의 불완전성 ······ 32
2. 유치산업 보호의 필요성 ······ 36
제2절 | 무역정책 수단의 차별적 적용 ······ 38
1. 유럽연합의 선호 국가군 ······ 40
2. 분야별 선호도 ······ 44
3. 국가별 무역정책 선호도 ······ 47

03 조약에 따른 공동통상정책의 변화 ······ 53
제1절 | 의사결정방식의 변화와 공동통상정책 ······ 54
1. 공동통상정책분야의 권한배분 문제 대두 ······ 55
2. 협상권한을 둘러싼 갈등 ······ 56

3. 보조금 지급과 비관세장벽 증가와의 상관관계 ·················· 63
4. 공동통상정책 결정과 공유권한: 갈등의 원인 ·················· 68

04 집행위원회 견제장치 무역정책위원회(구133조 위원회) ········ 73

제1절 | 신뢰성과 효율성 논쟁 ·· 73
    1. 단일시장의 규칙제정: 새로운 규제형태의 등장 ·············· 73
    2. 수평적 거버넌스의 등장 ··· 75
제2절 | 유럽연합 통상정책의 법적근거 ·· 80
    1. 공동산업보호를 위한 단일 원칙 마련 ··························· 80
    2. 회원국 감시 기능 강화 ··· 86
    3. 리스본조약과 공동통상정책: 관료에서 정치인으로 ········ 87

05 공동통상정책의 보호주의적 특성 ·· 99

제1절 | 공동통상정책의 주요 수단 ·· 100
    1. 일방적 조치 ··· 100
    2. 양자적 조치 ··· 108
제2절 | 공동통상정책의 적용절차 ··· 111
    1. 주요 회원국들의 다양한 이해관계와 정책결정 ·············· 114
    2. 유럽연합 비관세장벽의 종류 및 활용 범위 ··················· 119
    3. 유럽 도시간 협력정책: 신비관세장벽 ···························· 127

06 유럽적 행위자: 초국적 기업 ·· 139

제1절 | 기업과 정부의 밀착 ··· 139
    1. 범대서양기업회의 ··· 141
    2. 기업-정부간 관계의 유럽화 ··· 143
제2절 | 다양한 행위자들 간의 지속적 경쟁과 협상 ······················· 148
    1. 정치적 행위자 ·· 148
    2. 집행위원과 관료정치 ·· 152
    3. 이익집단으로부터의 압력 ··· 158
제3절 | 타협의 정치 ··· 160

미 주 ·· 163

제1장

연구의 필요성 및 목적

　국제무역의 일반적인 토대는 WTO에 의해서 마련된다. WTO는 무역장벽을 없애기 위한 다자간협상을 함으로써 무역자유화 규정을 마련한다. 무역자유화라는 목적을 달성하기 위해서 WTO는 비차별정책, 투명성, 상호호혜와 같은 국제무역의 중요한 원칙들을 정했다. 따라서 만약 국가가 타국가 혹은 특정 수입품에 대해 무역장벽 설치와 같은 국제규정을 위반할 경우, 이 국가는 WTO의 최혜국대우를 박탈당할 수 있다. WTO로부터 배제됨은 한 국가의 후생 및 복지에 심각한 영향을 줄 수 있음을 의미한다. 그러므로 정책결정자는 WTO의 규정 및 절차를 준수해야만 하며 그들 국가의 무역정책이 자유무역 원칙을 위반하지 않을 것임을 확신시켜주어야만 한다.

　국가가 국내산업의 경쟁력 강화를 위해 보호주의 정책을 채택하려 할 경우에도 정책결정자는 반드시 타국가로부터의 보복에 대한 위험성을 고려해야만 한다.1) 타국가로부터의 보복에 대한 공포는 정책결정자가 특정 국내산업을 지원하기 위한 적절한 정책수단을 채택할 때 실질적인 제약 요인으로 작용한다. 따라서 국가는 무역정책 수립으로 인한 결과를 반드시 고려해야만 한다. 같은 맥락에서 유럽연합 회원국들의 보호주의적 행위는 정치적 측면에서도 유럽연합의 이익과는 상반되는 방향으로 나아갈 수도 있다.

그러나 유럽연합 회원국들은 WTO체제하에서 관세를 무역장벽으로 사용하는데 한계를 경험하게 되자 관세 위주에서 환경 및 특허 규제 등 WTO 규정을 우회하는 은밀하고 다양한 형태의 무역장벽을 마련하고 있는 실정이다. 선진국은 주로 경쟁법 규제, 환경규제, 지적재산권을, 신흥국은 자국산 우대정책을 활용하고 있다. 반덤핑은 선진국과 신흥국 모두 보호무역의 수단으로 활용하고 있다. 반덤핑과 상계관세 등 무역구제조치는 1995년 WTO 출범이후 2012년까지 총 3,017건이 발동되었다. 구 중 반덤핑 관세가 전체의 90%(2,719건)를 차지한다. 반덤핑 관세 부과조치는 2012년 이후 증가추세에 있다. 이와 같이 선진국과 신흥국의 보호주의 성향이 심화됨에 따라 무역의존도가 높고 무역수지 흑자국인 한국이 영향을 받을 가능성이 크다. 2012년 기준 한국의 GDP 대비 수출 비중은 57.4%로 독일(51.2%), 중국(27.7%), 일본(15.3%), 미국(14.0%) 등과 비교해도 상당히 높은 수준이다.

한국은 대표적 무역구제 표적국가이자 세계 2위 반덤핑 피소국이다. 2012년 말 기준 대한국 무역구제는 총 189건으로 중국(706건)에 이어 세계 2위이다. 2012년 대한국 무역구제는 총 25건으로 사상 최대 규모를 기록했으면 이 중 신흥국이 84%를 차지했다. 과거 철강, 석유화학에 집중되었던 무역구제조치가 최근에는 가전 등 한국의 주력 수출품목으로 확산되는 추세이다.

미국에서 경쟁법 위반으로 1억 달러 이상 거액의 벌금을 부과 받은 한국기업은 4개사로 국별 건수는 일본에 이어 2위이나 벌금액(11억8,500만 달러)은 1위이다. 유럽연합도 한국기업에 총 8억 3,136만 유로(1조2,000억 원)의 벌금을 부과했다. 이처럼 미국, 유럽연합 시장에서 한국기업의 점유율 증가는 IT산업 등을 대상으로 한 경쟁당국의 규제가 강화될 전망이다. 한편,

환경보호라는 목적을 내세운 자국산업 보호 및 육성정책이 강화되고 있다. 과거 환경규제는 선진국의 전유물로 인식되었으나, 최근 들어 신흥국들도 환경규제를 적극적으로 활용하기 시작했다. 환경보호 관련 기술 무역장벽의 WTO 통보건수가 2006년 204건에서 2009년 374건, 2012년 460건으로 증가했다.2)

국제무역에 참여하는 모든 국가들에게 공통적으로 적용되는 현재의 세계무역체제는 유럽연합의 통상정책을 결정하는 중요한 외적 제약요인으로 작용한다. 유럽연합은 역외 국가들과의 쌍무 또는 다자간 협정을 준수하지 않을 수 없다. 이것이 의미하는 바는, 만약 유럽연합이 보호주의 정책을 통해서 역내산업을 지원하거나 보호할 의도를 갖는다면 WTO와 역외국으로부터의 심각한 국제적 압력에 직면하게 될 것이라는 사실이다. 따라서 유럽연합은 WTO 체제하의 다자간 의무 조항을 준수해야만 하며 무역정책을 결정하는 과정에서 역외국들부터의 보복 가능성을 염두에 두어야만 한다. 그럼에도 유럽의 금융위기와 이에 따른 산업경쟁력 약화는 유럽연합의 통상정책 결정과정에 상당히 중요한 요소로 작용했다. 이는 공동통상정책을 유럽연합 역내국가들 사이에 만연하는 사회·경제적 어려움에 대한 적극적 대응 수단으로 볼 수 있음을 의미한다.

제1절 | 유럽연합과 사회적 책임

비관세장벽이란 관세 이외에 자유로운 무역활동을 방해할 수 있는 일체의 규제활동을 의미한다. 비관세장벽은 환경규제, 기술장벽 규제, 위생 및 검역조치, 수입규제, 원산지규정의 강화, 수량제한 등 다양한 형태로 이루어지고 있다. 비관세장벽은 국가마다 고유한 제도와 기준으로 구성되어 있어 정확한 실체를 파악하기가 어렵다. 특히 자국민 안전과 환경보호, 인권 등 합법적인 조치의 형태를 띠고 있기 때문에 국제협상을 통한 조정과 철폐가 어렵다. 관세가 무역장벽에서 차지하는 비중은 상당히 감소한 반면, 비관세장벽이 수출을 가로막는 걸림돌이 될 것은 거의 확실하다.

신보호주의 확산 및 일상화와 더불어 유럽연합은 대내적으로 도시들의 소비관행을 변화시키기 위해서 역내 지역도시들 간의 새로운 관계설정을 요구하고 있다. 그 수단 중 하나가 유로시티(Eurocities) 참가도시들 중 12개의 도시들이 협력하여 책임 있는 구매를 통한 혜택을 생산자와 소비자가 함께 누리자는 취지의 유럽도시간 공동조달정책인 CARPE(CARPE: Cities as Responsible Purchasers in Europe) 프로젝트이다. CARPE 프로젝트는 국가-지역간 협력모델 구축의 시간적 제약과 하향적(top-down) 접근방식에서 벗어나 지역-지역간 경쟁력 강화 또는 지역발전과 혁신을 위한 제도적 장치라 할 수 있다.

공동조달 프로젝트가 사회적 책임을 확대시킴으로서 책임 있는 구매를 유도하기 위한 도시간 협력모델의 구축이라면 산업별 공동조달 협력모델인 RESPIRO 프로젝트는 유럽연합 GDP의 상당부분을 차지하는 건설과 섬유분야의 새로운 사회적 책임 기준을 마련하기 위한 협력모델이다. 이 외에도 공적, 사적 행위자의 환경적 구매행위를 강조한 SMART-SPP, PRO-EE, Biofuel Cities, EU GPP Training Toolket, Promotion of Ecolabel to public procurers, LEAP, GreenMed, Buy Fair, PICOLight, RELIEF 등 유럽연합은 수십 개의 구매 관련 사회적 책임 프로젝트가 완료 또는 준비 중에 있다.

투명성, 비차별성, 최적의 소비는 유럽연합의 조달지침의 세 가지 기본

원칙으로 유럽연합의 27개 회원국들에 대해 구속력을 갖는다. 단일시장 하의 물품과 서비스의 자유로운 이동 원칙에 따라 유럽연합 기업들은 공적계약 입찰을 할 수 있어야 하며 그들의 입찰은 객관적이고 투명한 과정을 통해 평가되어야 한다. 공개입찰에서 사회 관련된 문제를 처리하기 위해 사용된 기준은 이 원칙들을 따라야 한다. 환경문제를 공공입찰결정에 결합하기 위한 선택들은 지침에 명백하게 언급되어있고, 사회적 책임 지침에 관한 유럽이사회 안내서에서도 전문가에 의해 검토될 여지를 남겨두면서 광범위하게 기술되었다.

사회적 책임에 관한 법적토대는 친환경 조달(green procurement)의 경험과 유럽사법재판소의 판례법에서 언급된 설명을 토대로 한다. 유럽공공조달지침은 계약체결조항을 상세하게 제시하였다(Directive 2004/18/ EC, Art 26). 또한 유럽연합 법은 구매자가 계약수행단계에서 ILO의 기준에 따른 계약의 수행을 요구할 수 있다는 것을 명시하고 있다(Directive 2004/18/ EC, Recital 33).

1. 사회적 책임의 확대

사실상 사회적 책임 구매는 공공기관이 오랫동안 사회정책들을 지원하기 위해 사용해 온 전통적인 경제적 도구이다. 그러던 것이 오늘날에 와서는 다자간무역협정, FTA, 반보호주의(anti-protectionism)에 대한 규정이 확산됨에 따라 구매 관련 사회적 책임이 비관세장벽으로 작용하기 시작하였다. 윤리적 혹은 사회적 책임 구매로 인한 금전적 이익을 수량화하기도 어렵지만 문제는 윤리적 혹은 사회적 책임 구매에 대한 고려가 비관세장벽으로 작동하는지 여부를 증명해내기가 쉽지 않다는데 있다.

파리시의 공공사업 발주 및 하청업체 선정은 엄격한 환경적 기준을 충족한 업체에 한정된다. 파리시가 발주한 공공사업에 입찰하는 회사들은 반드시 입찰 단계부터 공사완료 시점까지 엄격한 규정을 준수하여야만 한다.3) 파리시와 공급계약을 맺은 사업자는 나무보호, 소음방지, 환경 친화적 자재사용, 규정에 따른 노동자 훈련 등 반드시 사회적 책임 관련 규정을 준수해야만 한다. 파리시는 이를 위해 실행규정 준수를 감독할 기술위원회를 설립하였다. 규정을 준수하지 않을 경우 파리시와 공급자간의 계약은 파기될 수 있으며 계약자는 향후 입찰에 참여할 수가 없다. 이 기준은 2005년 이후 공동조달 프로젝트에 참여하고 있는 12개 도시 전체에 적용되었다.

오슬로와 브뤼셀 시는 환경 친화적 연료를 사용하는 운송수단(vehicles)의 공동구매를 추진했다. 시의 운송수단 구입과 관련하여 환경적 고려(CO_2 최대 배출량)를 차량구입의 제 1순위로 두자 기술적 세부규정과 선택범위(운송수단의 폐기와 관련한 기업들의 서비스)가 통합될 수 있었다. 이로 인해 시당국은 10~50% 정도의 예산절감 효과를 얻게 되었다. 오슬로와 브뤼셀시의 영향으로 이전 부서별로 분산구매를 실시하던 때와는 달리, 현재는 공동조달 프로젝트 가입도시 전체가 청정 운송수단의 공동구매를 실시하고 있다.

세비야시의 환경친화상품의 구매는 도시 에너지 절약정책의 일환으로 채택된 수단들 가운데 하나였다. 세비야 시는 효율적 에너지 사용과 관련해서 시의회는 시 전체의 가로등과 시의회 빌딩에 대한 에너지 최적화 계획(energy optimization plan)을 수립했다. 이후 세부계획에 따라 도시의 모든 교통신호에 LED-진공관 기술을 적용하고 의회빌딩에 효율성을 고려한 환경 친화적 전구의 교체를 실시하였다. 구입비용은 전체적으로 에너지 절약 효과에 의해 상쇄될 것이 기대되었고 도시는 에너지 소비 비용을 18% 이상 감소할 수 있었다.

최근 스톡홀름 시의 조달국은 환경보호국과 함께 환경선언문(Environmental

Declaration)을 만들었고 모든 조달에 대한 환경성 분석을 수행하기 위한 모델을 개발하였다.4) 이어 각각의 구매를 환경기준에 맞춰 분석하는 과정이 수행되었는데 각각의 분석결과는 구매를 한 해당부서에 다른 정보들과 함께 통합적으로 제공되었다. 이는 시의 구매정책이 유럽연합 공공조달정책이 요구하는 사항과 부합된다는 것을 의미한다. 현재 스톡홀름시의 입찰에 참여하는 모든 공급자들은 그들의 제품 또는 서비스의 환경적 측면을 입증하는 환경선언을 제출해야만 한다. 시의 연간제품과 서비스 구매는 최소 10억불에 달하는 큰 시장으로서, 환경 친화적인 제품과 서비스에 대한 수요창출로 구매를 환경 친화적인 방향으로 유도할 수 있게 되었다.5)

바르셀로나, 본, 리옹 시는 목재를 구입하고자 할 때 도시가 제시한 조건을 만족시키는 특정 환경 하에서 자란 목재를 구입하자는 정책에 합의했다. 이 세 도시들은 목재를 공급하는 계약자에게 목재의 원산지를 증명할 수 있는 표시를 반드시 기재할 것을 요청했다. 이에 목재 공급자는 Forest Stewardship Council과 같은 공인된 기관의 보증서를 반드시 첨부해야만 한다. 바르셀로나 시에서는 환경과 관련이 있는 입찰자들의 정보가 데이터베이스화되고 생산과정의 사회적 책임 측면이 보상단계에서 분석이 된다. 입찰자의 제안서는 입증이 가능한 산림관리 차원에서 요구하는 기준에 엄격하게 부합되어야 한다. 바르셀로나 시는 이와 같은 조건을 충족한 업체와만 목재계약을 체결하는 것을 원칙으로 한다. 목재의 용도는 주로 시청 장례식, 관(coffins) 구입, 공원 조경, 벤치, 문을 포함한 도시외곽지역의 나무로 만든 연단 등을 위해 사용된다.

리옹에서는 공공사업과 공공서비스 계약서에 기술적 규정을 요구한다. 기술적 규정에 따라 목재 공급계약자는 어떤 열대성 목재를 사용했는지를 입증할 수 있는 증명서를 제출하여야만 한다. 리옹시가 이 정책을 프랑스의 다른 지역의 도시들과 협력하기로 결정함에 따라 프랑스에서는 목재와 관련한 환경증명서(eco-certification)의 네트워크가 탄생하게 되었다. 한편, 본 시의 열대성 목재 구매부서는 직접 공사장에서 목재의 검사를 시행한다. 본의 연간 목재구입액은 200,000유로이다. 이외에도 본에서는 또한 공정무역으로 거래된 커피에 대한 소비를 늘리기 위해 보상범위를 이용한다. 보상범위란 본 시민들에게 공정무역상품에 대해 도시가 직접 홍보를 지원하는 것이다. 예를 들면 도시축제기간 동안 제공된 사탕, 과자 등은 공정무역제공자(fair trade providers)가 공급한다.

특히 본, 뮌헨, 오슬로 시는 선도적으로 아동들의 노동에 의해 생산된 제품 구매에 반대(clauses against child labour)하는 결정을 채택하였다. 14세 이하 아동의 노동 금지를 규정한 ILO협약 138조에 따라 계약자들은 그들의 공급망을 관리할 책임이 있다. 계약자들은 서비스를 포함한 공공사업에 필요한 상품들이 아동들의 노동 착취에 의해서 만들어지지 않은 상품임을 입증할 자료를 제시하여야 한다. 따라서 이들 시와 공급계약을 체결한 계약자들은 현재 상품이 어린이들의 노동력을 이용함으로써 제조된 상품이 아니라는 것을 증명하거나 제품의 생산자를 반드시 명기해야만 한다. 이러한 조항은 공급계약에 삽입될 뿐만 아니라 계약자의 하청 구매계약서에도 명시해야만 한다.

한편, RESPIRO 프로젝트는 사적 기업의 사회적 책임강화를 기본으로 하는 조달정책이다. 이는 사회에 긍정적인 영향을 미치는 물품, 노동, 서비스 구매를 통해 공사조직기관의 구매력을 이용하는 것으로 물품이나 노동의 조달결정과 그 실행과정에서 물품이나 노동의 전 순환 과정에서 발생되는 사회적 영향력을 고려하게 된다. 사회적 책임조달 원칙을 통해 소비자는 노동자의 건강과 안전, 국제노동기준의 준수, 노동의 질, 노동시장

포섭정책, 불법노동과 아동의노동의 철폐, 신뢰할 수 있는 원자재의 조달 같은 문제에 영향을 미치게 된다. 이와 같이 RESPIRO 프로젝트는 공공 기관이 조달정책을 통해 지속가능한 발전을 촉진하고, 사적 공급자가 기업의 사회적 책임을 다할 것을 촉구한다. 이는 공공부문의 구입을 대표하는 도시네트워크와 공급자 측의 부문별 사회파트너의 협동을 통해 이뤄지며, 이의 적용을 확대함으로써 시와 사회적 협력자들은 친사회환경적 혁신을 시도하는 것을 목표로 삼는다. 텍스타일과 의류의 사회적 책임에 관한 RESPIRO 가이드는 사회적 책임연계의 방법으로 텍스타일이나 의류를 조달하려는 구입자에게 명확한 가이드를 제공한다.6)

2. 주민의 삶의 질 향상 vs. 비관세장벽

책임 있는 구매를 통한 혜택을 생산자와 소비자가 함께 누리자는 취지의 유럽도시간 연합인 공동조달 프로젝트의 목표는 자연 관리와 주민의 삶의 질 향상에 있다. 생태순환 지역사회(community of eco-cycle)를 지향하는 과정에서 인간의 기본적인 수요를 충족시키면서 구매양식의 변화를 통해 에너지소비와 자원사용형태를 바꿔보자는 것이다. 즉, 구매에 대한 요구사항을 반영해서 환경적, 윤리적, 사회적 제품의 비중을 고려한 개발을 촉진하는 것이 공동조달 프로젝트의 목표 중 하나라고 할 수 있다. 공동조달 프로젝트에 참여하고 있는 12개 도시들의 조달국은 현재 다양한 공급자들로부터 300여개가 넘은 협약을 체결하고 있으며, 이 모든 협약에서 환경적, 윤리적, 사회적 측면이 고려된다.

공동조달 프로젝트가 탄생한 2005년에는 대부분의 공급자들이 참여 도시가 정한 조건을 거의 이해하지 못했으며, 제품을 환경 친화적으로 바꾸는데 드는 개발비 증가를 우려했다. 또한 생산자들이 완성제품의 성분공개와 제조방법이 공개되어지는 것을 꺼린다는 이유 때문에 시당국이 어려움을 겪었다. 그러나 동시에 그들의 서비스와 제품을 조기에 환경 친화적으로 바꾸는 것이 장기적으로는 이득이라는 것을 깨달은 중소기업의 수가 늘어났다. 이들 기업들은 환경 친화적 전략으로 상당한 시장점유율을 차지한 것으로 나타났다. 따라서 과거에 소비자들에게 익숙하지만 환경친화적이지 못한 제품들은 폐기되어야만 했다. 이로 인해 상대적으로 선택할 수 있는 상품의 종류는 축소되었다.7)

한편, 윤리적 기준은 확연히 눈이 띠거나 구입한 상품의 성격을 반영하지는 않지만 공급형태를 바꿀 수도 있는 상당히 중요한 이슈이다. 기술적 설명, 선택 범주, 보상의 범위를 정하는데 계약 대상과의 연관성을 증명해 내기가 어려울 수도 있다. 계약 관청은 계약 대상자에게 계약 이행서에 따른 ILO규정을 준수하라고 요구할 수는 있지만 그것이 서비스와 공공사업 계약에만 적용이 되는지 혹은 계약이 구매한 제품의 생산 공정에도 적용되는지가 분명치 않다.8) 그러나 일반적으로 공급 계약의 규모는 유럽연합이 제시한 공정무역과 윤리적 부문의 준수와 밀접한 연관이 있다. 비록 얼마나 명확한 윤리적 기준이 계약서에 포함되어야 하는지에 대한 기준은 없지만, 유럽연합이 정한 통상원칙을 존중해야만 한다는 의미이다.9)

예를 들면 지방관청이 운영하는 자판기와 매점은 이를 이용하는 소비자들에게 공정무역을 통해 구입한 상품에 대해 높은 가격으로 판매가 가능하다. 그러나 지방관청은 공정무역을 통해 제공된 상품의 가격 때문에 불이익을 당하지는 않는다. 일반적으로 지방관청이 운영하는 자판기와 매점은 재하청에 의해서 운영되고 공공구매 규칙을 반드시 준수해야할 필요는 없다. 서비스 제공자가 공정무역 상품을 제공하든지 안 하든지는 그들의 결정에 달린 것이다. 다만 계약당국은 공정무역상품을 판매하는 서비스

제공자에게는 인센티브를 줄 수 있다. 이로 인해 높아진 가격은 직접적으로 최종 소비자에게 부과할 수 있기 때문이다.

최근 영국 정부는 'Small Business Friendly Concordat' 프로그램을 마련하였다. 이는 중소기업들과 지방관청간의 효율적 거래를 조장하는데 목적이 있다. 영국의 주요 도시를 비롯한 지방관청은 사회적 책임을 준수하고 있는 기업들의 목록을 만들어 이들의 주소를 웹사이트에 올림으로써 상기 프로그램을 후원하고 있다.10) 공동조달 프로젝트 참여도시는 아니지만 영국의 노팅햄(Nottingham) 시는 2002년부터 노팅햄 시청이 발주하는 건설공사에 '노동자 고용과 훈련을 위한 실행법'(Code of Practice for Employment & Training)을 적용한다. 이 법은 기본적으로 노동시장의 변화에 따른 실업자 수를 줄이기 위한 방법의 일환으로 지방관청과 건설산업체 간의 파트너십으로 이루어져 있다. 노팅햄 시청이 발주하는 관급공사를 수주하기 위해서는 시청이 부여한 코드가 있는 업체만이 입찰에 응할 수 있다. 시청에 협력업체로 등록되고 공사수주를 희망하는 업체는 반드시 코드를 신청해야만 한다. 또한 지방고용서비스(the local employment service)를 통해서 실업자들에게 직업을 제공하고 직업훈련 및 교육기회를 제공한다는 광고를 해야만 한다.

스톡홀름 시는 2002년 이래로 공공사업에 있어서 동등한 기회제공의 원칙을 모든 사업영역으로 확대 적용하고 있다. 그 결과 2005년에는 비차별법 조항이 10억 유로를 넘는 서비스 사업, 관급공사로까지 확대되었다. 스톡홀름 시는 비차별법 조항의 확대해석으로 계약기간동안 언제라도 계약자가 그들의 법률적 의무사항을 준수여부를 확인할 권리를 갖는다. 특히 스톡홀름 시는 기업들에게 계약의 기본조항에 업무수행조건으로 성, 종교, 인종, 성적 선호, 기능적 장애, 민족적 차별을 금지할 것을 요청한

다. 기업이 이러한 요구를 준수하지 못할 경우 도시는 계약을 파기할 권리를 갖는다.11)

이와 같이 유럽연합은 시당국을 필두로 하여 유럽의 대도시들과 계약을 맺는 기업은 사회적 책임 준수조건들을 명시한 계약서를 제출해야만 하는 것으로 계약조건이 바뀌고 있다. 계약서에는 적정한 임금 지불, 연금과 유급휴가, 임시휴가 기간 등과 같은 내용들을 준수할 것임에 동의한다는 조항이 삽입되어야만 한다. 더 나아가 정해진 노동시간, 초과 근무시간 제한 및 초과 임금 지급, 휴가 및 휴일에 대한 권리, 사회보장에 대한 권리, 건강복지, 안전하고 쾌적한 노동환경, 안전에 관한 권리와 같은 노동환경에 주의를 기울 것에 동의해야 한다. 파업권 역시 인정되어야 한다. 이러한 사회적 책임에 부합해야만 하는 구매방식의 변화는 초국적기업들이 하청업체를 압박하고 역외국 제품의 시장진입을 막는 장벽으로 변환될 가능성이 크다.

제2절 | 세계화와 보호무역

유럽연합은 WTO와 같은 국제경제조직체와의 협정을 체결하는 주체로서 국제무역규정을 제정하는 역할을 담당한다. WTO 설립을 위한 마라케쉬협정의 제11조 1항은 원 가입자격(original membership)을 다음과 같이 규정하고 있다. "이 협정 및 다자간 무역협정을 수락하고, 자국의 양허 및 약정표가 1994년 GATT에 부속되며 서비스 무역에 관한 일반협정에 자국의 구체적 약속표가 부속된 국가로서 이 협정 발효일로부터 1947년도 GATT 체결당사자와 유럽공동체(European Communities)는 세계무역기구의 원회원국이 된다." 이 조항의 효력 발생은 국제사회에 있어서 가장 영향력 있고 효과적인 입법체계의 하나였던 GATT의 약점을 치유한다는 의미를 가지고 있다. 즉 GATT가 보유하지 못했던 국제적 기구로서의 구조형식과 유럽공동체가 GATT의 계약체결 당사자가 될 수 없다는 두 가지 문제를 동 규정의 효력발생을 통해 해결하고 있다. 유럽연합의 측면에서는 자신의 국제법적 법인격을 완전히 인정받는 계기가 되었다는 점에서 매우 중요한 의미를 갖는다.12)

국제기구의 완전한 가입당사자로서 유럽공동체의 승인은 다자조약의 당사자가 되기 위한 공동체의 능력에 대한 승인보다 매우 느리게 진행되어 왔다. 대부분의 주요한 국제기구들은 1940년대에 설립되었으며 국제기구의 설립헌장은 국가만을 완전한 가입당사자로서 자격을 부여하였다. 사실 국제기구와 유럽공동체가 일정한 국제적 기여를 하고 있다는 점은 일찍이 인정되어 왔으나 그들에 대하여 국제기구의 가입자격을 부여하기 위한 설립헌장의 개정은 매우 완만하게 진행되어 왔다. 국제기구에 참석한 대표들은 통상적으로 가입자격과 대표성에 관련된 문제를 정치적인 문제로 간주하여 당해 국제기구의 성격에 부응하는 적절한 기능수행의 가능성이라는 차원과는 분리하여 국제기구와 유럽공동체를 다루어왔다. 그러나 유럽공동체는 오랜 기간 동안 특정 주제와 관련하여 국제기구의 옵서버(Observer)로서 지위를 인정받아왔으며 공동체와 공동체 회원국 사이의 내부적 권한 분리에 근거하여 공동체 나름의 지위를 확보하는 데 중점을 두어왔다. 대외통상관계에 있어 유럽연합의 법적 지위에 대한 최근의 논의는 유럽연합을 새로운 국제법 실체로서 주권국가와 동등한 법적 지위를 부여하여야 한다는 것으로 의견이 수렴되고 있다.

이를 반영하듯 유럽연합은 리스본조약으로 집행위원회는 다자간 무역기구를 비롯하여 역외무역과 관련하여 공동체를 대신해서 협상할 수 있는 배타적권한의 합법성을 증대시켰다. 그 결과 그동안 개별 회원국 소관사항이었던 외국인직접투자(FDI)를 유럽연합의 배타적권한 적용범위에 포함시켰다. 그러나 투자협정에 대한 집행위원회의 배타적권한에 대해서는 아직도 논란이 그치지 않고 있고, 회원국, 유럽의회가 참여하여 의사결정을 내려야 할 많은 부분이 명확하게 구분되지 않았다. 한편, 리스본조약은 회원국 의회의 역외 무역정책에 대한 비준 권한이 사라진 대신 유럽의회의 권한을 상당히 강화시켰다. 이는 대외무역과 관련된 문제에 있어서 국가 주권의 문제와 민주성 결핍이라는 새로운 문제를 야기 시킬 수 있음을 의미한다.

로마조약은 1993년 마스트리히트 조약, 1996년 암스테르담 조약, 2002년 니스 조약에 이러 2009년 리스본 조약을 통해 개정되었다. 로마조약에서는 유럽공동체 조약(TEC: Treaty establishing European Community)이 재정되었으며, 마스트리히트 조약에서는 유럽연합 조약(TEU: Treaty on European Union)이 신설되었다. 리스본 조약에서 TEC는 그 명칭이 EU 기능조약(TFEU: Treaty on the Functioning of the European Union)으로 변경되었다. 기능조약(TFEU)의 Title 1(26~27조)은 단일시장으로서 EU 내에서 상품과 사람, 서비스, 자본의 자유로운 이동을 규정하고 있다.

유럽연합의 국제법적 지위향상과 더불어 그들의 무역정책이 교역상대국들의 경제 및 복지에 지대한 영향을 끼침에 따라 공동통상정책은 유럽연합 회원국들뿐만 아니라, 유럽의 비회원국을 비롯한 전 세계 국가들에게 있어서도 상당히 중요한 관심사가 되었다. 원칙적으로 유럽연합은 국제교역을 함에 있어 개방적 다자간 무역체제를 촉진시켜야 할 책임을 지고 있다. 상품과 서비스 교역의 실질적 주도국으로서, 직접투자의 중요 기여자로서 유럽연합은 국제무역체제의 보다 나은 발전을 위한 행위자로

서의 역할이 기대된다.13)

 그러나 이론과 실제에는 항상 괴리가 있듯이 유럽연합의 역외무역은 보호주의 성향을 띤다. 이는 첫째, 공동통상정책의 차별적 특성, 둘째, 정책개발과 관련한 회원국들의 이익 추구, 셋째, 유럽의 산업경쟁력 약화와 밀접한 관련이 있다. 그러나 이러한 요인들이 유럽연합으로 하여금 자유무역의 원칙으로부터 이탈하는 데 실질적 요인으로 작용했다는 것이 입증되기 위해서는 유럽연합의 무역정책결정과정에 대한 상세한 검토가 선행되어야 한다.

 21세기 국제사회는 기술문명의 진화로 인한 정보화, 상호의존, 세계화 등 지구적 수준에서 전개되는 거대 변환의 추세 속에서 국가들 간 영토적 경계선의 중요성이 줄어들고 있다. 흔히 세계화는 경제를 탈국가화하거나 혹은 경제단위로서의 국민국가를 탈중심화함으로써 국민국가의 응집력을 약화시킨다는 주장이 있다.14) 현실적으로 현대 국제사회에서 공유불가능이라는 고전적 의미의 주권을 온전히 보유하고 있는 국가는 존재하지 않는다. 세계화라는 전 지구적 사회현상은 주권국가들 간의 활발한 교류와 상호의존을 심화시키고 있으며, 그에 따라 사회 전 분야에 걸쳐 상호간 영향력이 확대되고 있다. 즉, 개개의 국민국가는 이제 어쩔 수 없이 지역주의의 구심력과 세계화의 원심력 사이에서 협공을 받게 된 것이다. 그럼에도 불구하고 전통적 현실주의가 강조해 온 국가이익에 기초한 개별 주권국가들 간의 본질적인 갈등과 대립은 형태만 바뀐 채 여전히 지속되고 있다.

1. 세계화, 국민국가, 유럽연합

 헬드(Held)는 세계화가 국민국가에게 다음과 같은 점에서 의미가 있다고 지적한다. 첫째, 정치·경제·법·군사적 측면의 세계적 상호 연관성은 주권국가의 본질을 위로부터 변화시킨다. 둘째, 지역주의의 등장은 국민국가를 아래로부터 잠식한다. 셋째, 세계화는 국가와 시민들 사이의 정치적 결정과 산출의 과정을 연결하는 새로운 망을 형성하면서 국가정치제의 본질과 작동을 변화시킨다.15) 헬드가 지적했듯이 국민국가 내에서 혹은 이들을 가로지르는 문화적, 역사적 정체성을 지닌 하위단위인 지역 역시 전통적 국민국가의 권한에 영향을 미치고 있으며, 이로 말미암아 유럽연합과 개별 국민국가의 관계 역시 변하고 있다.

근대 국민국가의 본질을 규정하는 '주권'(sovereignty)은 대내적으로는 국가보다 상위에 위치하는 어떤 다른 통치권위도 인정하지 않는 '최고성'과 대외적으로는 최고권위로서의 주권이 모든 국가에 동등하게 부여되어, 한 국가가 자신의 영토 내에서 타 국가에 의하여 간섭받지 않은 채 통치권을 행사하는 '배타적 자율성'의 속성을 띠고 있다. 이에 따라 개별국가의 배타적 국익 추구는 근대 국제질서에서 당연한 권리행사로 간주되어 오면서 부단한 갈등과 분열을 야기해 왔다.

탈국가중심 이론에 따르면, 유럽연합은 점차 근대국가 및 기존의 국제기구와는 달리 물리적 영토에 의존하지 않는 새로운 정체(polity)의 완성단계에 이른 것으로 판단하고 있다.16) 여기서 정체는 공동체 통치의 구조적 현상과 행위자들의 유형과 선호 그리고 공동체 운용기제를 분석할 공간적 배경이다. 보다 포괄적 의미에서 정체는 지정학적 개념에서 일컫는 지리적 범주를 포함한 서유럽의 특징적인 정치적 과정이다.17) 즉, 초국가 기구를 위시한 다수준의 행위자 간 상호작용이 하나의 통치체계를 완성해가는 과정과 그 결과를 지칭한다.

한편, 유럽정체는 그 제도적 구조와 정치과정이 갈수록 국내정치 시스템과 유사성을 갖는다는 가정 역시 내포한다. 여기에는 공동체 정치과정에 국내 정당, 이익집단, 그리고 국가 내 하위 행위자들이 참여하기 때문이다. 이러한 현상은 전통적인 국가중심적인 사고를 벗어나지만 그것으로부터 완전히 자유로운 것은 아니다. 유럽정체는 국가의 소멸과 쇠퇴가 아니라 또 다른 행위자 특성으로 국가의 권위를 재설정하는 과정 역시 포함되기 때문이다.18)

회원국 정부들은 유럽연합 집행위원회가 보편적 서비스에 대한 강력한 규제능력을 갖지만 않는다면 유럽차원에서 벌어지는 보편적 서비스 논의를 반대할 이유가 없다. 더구나 회원국 숫자만큼의 규제가 존재하는 상황에 대해 가장 큰 불만을 토로하고 있던 대기업들로서는 보편적 서비스의 제공이라는 측면에서도 유럽연합 집행위원회 주도의 단일 규제정책을 당연히 선호한다. 여기서 규제(regulation)란 시장을 규제하는 규정을 의미하지만 근본 의미는 통합된 시장에서 공정한 경쟁을 보장할 제도적 능력과 정치적 권위를 의미한다. 이는 유럽연합 집행위원회가 회원국에 의존적이면서 동시에 유럽의 대기업에 의존한다는 의미로 해석이 가능하다.

2. 경제적 국제주의와 정치적 민족주의의 결합

단일유럽시장(Single European Market)의 건설과 단일유럽정치체(Single European Polity)라는 의제는 유럽시장을 주요 무대로 활동하고 있던 초국적기업들과 이 기업들의 연합조직에 의해서 제기되었다. 이들은 세계경제가 자신들에게 안정적 시장을 제공하지 않고 기존의 국민경제가 제공하는 시장은 너무 협소하다는 인식을 기초로 분절화 된 유럽시장의 통합을 요구했다. 특히 유럽시장에 주된 관심을 두고 있던 프랑스 기업들과 세계시장과 유럽시장을 동시에 개척하던 독일 국적의 기업들이 가장 강력하게 단일유럽시장의 건설을 제기했다. 이 과정에서 초국적기업들은 자신들의 선택적 이익뿐만 아니라 유럽자본주의의 재편이라는 일반적 이익을 논의하기 시작했고, 이러한 논의의 장은 유럽연합 집행위원회가 제공했다.

유럽의 초국적기업들이 유럽자본주의의 재편을 논의하던 1970년대 말부터 케인즈적(Keynesian) 복지국가19)의 정치가 및 관료들 사이에는 시장이 모든 것을 해결한다는 신자유주의적 담론이 확산되었다. 정의상 경제주체이면서 사회적 권력의 원천으로 '개인'을 상정하고 개인의 사적 소유를 바탕으로 한 시장경제를 이상적 형태로 간주하는 보편적 자유주의 경제이론과, 19세기 후반 국민국가주의라는 이데올로기를 통해 형성된 국민경제를 경제발전 및 분석의 단위로 하던 '국민경제' 이론의 결합산물로서 등장한 것이 케인즈주의라고 할 수 있다.

케인즈주의는 자유주의와 국민국가주의의 이념경쟁을 종합할 수 있었을 뿐만 아니라, 정치적으로 정책을 위한 동의를 동원할 수 있었다. 케인즈주의적 경제이론은 지리정치학적 공간인 국민경제 내에서 국민적 통화를 측정단위로 하여 국민총생산, 국민소득 등의 지표를 사용하고, 환율, 국제무역들을 국민경제들 간의 경제적 지표로 포착함으로써, 재생산단위로서 국민경제라는 신화를 더욱 공고히 했다. 미국의 정치경제학적 패권에 기반을 둔 국제제도 및 포드주의적 축적체제에 기반을 둔 '케인즈적 복지국가'라는 국가형태는 자본주의국가와 국민국가가 공간적으로 완전히 일치된 형태였다.

노동자의 구매력 향상이 축적체제에 순기능적으로 작용할 수 있는 포드주의 축적체제에서는 자본과 노동이 타협할 수 있는 조건이 마련되었고, 경제성장이 노동자의 이익으로 전환될 수 있는 이 축적체제에서 자본주의국가는 계층 간 갈등을 넘어선 '국민적' 헤게모니 프로젝트를 추진할 수 있었다. 즉, 강제의 공간과 자본의 공간이 일치하고, 사회관계에서 자본—

노동의 타협이 성립되어 있는 체제에서, '국가이익'이 대외정책의 결정기준으로 자리잡을 수 있었다. 이후 1990년대 초반부터 현재까지 케인즈주의 복지국가는 시민적 조직과 기업적 조직이 결합된 신자유주의적 기업국가로 변모되었다. 말하자면 초국적기업의 축적전략의 변화와 그 뒤를 이어 나타난 국가형태의 변화로 인해 단일유럽시장의 형성을 위한 필요조건이 형성되었다. 이와 더불어 유럽의 초국적기업들은 범지구적 수준의 신자유주의적 경제 질서에 참여할 시 초래될 수 있는 위험을 피하기 위한 전략으로 역내시장자유화와 유럽연합 차원에서의 규제정책 및 중상주의 전략을 계획했다.20) 이와 같은 취지의 계획이 정책으로 등장할 수 있었던 것은 유럽차원에서 활동하던 신자유주의적 엘리트, 초국적기업의 최고 책임자, 유럽연합 및 회원국들의 관료들로 구성된 초국적 정책 네트워크의 적극적 활동 때문이었다.

  이러한 자본의 축적과정에서 요구되었던 단일유럽시장의 건설이라는 의제가 성공적으로 완수되기 위해서는 정부간 협상이라는 제도적 절차를 통과해야 했다. 가장 강력한 신자유주의적 경향을 보이던 영국 정부와 개입주의적 전통을 갖고 있던 프랑스 정부, 그리고 그 중간에서 독특한 형태의 사회적 시장경제를 유지하고 있던 독일 정부가 단일유럽시장이라는 의제에 타협할 수 있었던 것은 케인즈적 복지국가로의 복귀와 범지구적 신자유주의로의 지향이 야기할 수 있는 정치경제적 불확실성 때문이었다. 유럽의 신자유주의는 국가통치와 국제시장 경쟁 활성화를 위한 경제적 국제주의(economic internationalism)와 정치적 민족주의(political nationalism)를 정교하게 결합하였다. 즉, 유럽의 신자유주의자들은 유럽차원의 경제를 규제할 수 있는 '유로 정치체'(Euro-Polity) 발전을 막기 위해 민족주의와 연계했다는 점에 주목할 필요가 있다. 특히 영국의 보수당의 극단적 민족주의자들은 마스트리히트조약에 끝까지 반대의사를 표명하였다. 민족주의자들과 마찬가지로 신자유주의자들도 긍정적 시장규제는 유럽연합의 시장개입은 불법이라고 주장하였다. 즉, 국민정부만이 유일하게 공공의사 표현의 합법적인 민주적 통로가 될 수 있다는 것이었다. 그러나 민족주의자들과는 달리 신자유주의자들은 국가주권 방어 이상의 목표를 갖고 있었고, 그들은 국민국가를 포함한 어떤 정치적 행위자들이 경제행위를 규제하는 능력을 갖추는 것에는 적극적 반대의사를 표명하였다.21)

단일유럽시장의 완성을 전후로 해서 유럽연합의 정책을 제안하고, 부분적으로 입안된 정책의 실행권한을 보유하고 있던 유럽연합 집행위원회의 조정 역할은 확대되었다. 집행위원회의 자율성 확대는 유럽지역 내부에서 지구화 논리가 관철되면서 일정한 영토적 경계 내부에서 축적기능과 정당화기능을 수행하는 근대국가의 이중성이 변형되면서 비롯되었다. 말하자면 근대국가가 보유하고 있던 자본주의 국가적 기능이 부분적으로 유럽차원으로 이전되면서 국가기능의 공간적 분화 및 분업현상이 강화된 것이다.

시장형성을 통해 새로운 정체가 건설된 이 과정은, 근대 영토 중심의 국가 등장 이후 자유시장이 그 내부에서 발전된 근대 초기의 경험들과는 근본적으로 상이했다. 국가 없는 시장의 형성은, 한편으로는 새로운 정체로서의 유럽연합이 생산하는 정책의 불균등 발전으로 인식되고 있다. 이에 역내통합을 위한 가장 중요한 대외적 장치이며 자본주의적 생산관계의 재생산을 위한 이윤창출의 기제로서 통상정책은 상당한 의미를 갖는다.

유럽연합 차원에서 통상정책을 마련한다는 것은, 유럽연합이 국민국가의 정부와 유사하게 다양한 이익집단들 사이에서 발생하는 갈등을 조정하고 그들에게 공동의 이익을 제공하는 역할을 수행하게 되었음을 의미한다. 이는 유럽연합이 내부적으로는 '신자유주의적' 지구화 논리를 수용하고 있는 듯이 보이지만, 사실상 중상주의 국가적 활동을 하고 있다는 증거이기도 하다.22) 본 연구에서는 '현실'과 '이상'으로서의 지구화 논리를 구별하고자 한다. 현실로서의 지구화는 우선 금융자본을 포함한 초국적기업의 축적전략의 변화 및 그에 수반된 기업형태의 변화를 지칭하는 것으로 국한한다. 실제로 범지구적 차원에서 활동하고 있는 행위자들은 초국적기업과 그 논리를 반영하는 정치적 엘리트들이다. 초국적기업이 선택한 전략으로서 지구화는 국민국가의 경제가 과거와 같은 절대 장벽으로 기능할 수 없게 된 상황을 지칭한다. 그러나 현실적으로 이러한 지구화 현상은 북미, 유럽, 동아시아 일부 지역 등을 제외하고는 범지구적 재구조 과정에서 배제되어 있다는 사실에 주목할 필요가 있다.

이상으로서의 지구화는 자유시장 이데올로기와 등치될 수 있다. 지구화 담론을 앞세운 사회세력들의 핵심 목표는 초국적기업들의 자유로운 시장공간 확보라고 할 수 있기 때문이다. 그러나 현실적인 측면에서 국민국가주의의 연장인 '지역수준에서 중상주의'라는 목표와 결합되어 있을 때는 분명히 중상주의적 측면이 강하다고 할 수 있다.

결과적으로 유럽연합은 자유무역주의의 강화라는 무역정책의 기본목표에도 불구하고 실제에서는 유럽의 산업을 보호하려는 의도에서 보호주의 정책들을 지속적으로 입안하여 보호무역주의 경향을 강화시켜오고 있다. 이는 통상정책 입안과정에서 나타나는 유럽연합의 산업가들과 특히 초국적기업들의 특권화된 지위로 인한 의사결정과정에서의 선점적 지위 때문에 가능하였다. 이것은 말하자면 유럽연합의 정치가, 관료 및 산업가들은 통상정책 입안과정에서 '제도적 권력'을 효과적으로 사용하고 있음을 반영하고 있는 것이다.

제2장

지역통합과 자유무역의 양립가능성

　지역통합23) 의욕이 실질적인 정책으로 등장할 수 있었던 배경은, 유럽 차원에서 활동하던 '신자유주의적' 엘리트, 초국적기업의 최고 책임자, 유럽연합 및 회원국 관료들로 구성된 초국적 정책 네트워크의 적극적 활동 때문이었다. 즉, 이는 중세 말 시장 자본주의가 봉건경제를 몰아내고 도시국가에서 근대 민족국가로 통치모델의 변화를 이끌었던 것과 마찬가지 현상이다. 다만 이번에는 국가 내부에 국한되어 왔던 시장경제가 세계적인 네트워크 경제의 도전을 받고 있고, 민족국가 체제가 유럽연합 같은 지역 정치 공간에 의해 부분적으로 잠식되고 있는 것이 다를 뿐이다.

　유럽연합은 지역통합의 마지막 단계인 정치적 통합의 조기 달성 및 국제무역에서 유럽의 이익을 추구하기 위한 수단으로서 다양한 무역정책수단들을 사용하여 왔다. 관세가 상당부분 낮아지거나 철폐되었음에도 불구하고 유럽연합은 공동통상정책이라는 수단을 사용함으로써 보호주의 성향을 강화하여 왔다. 새로운 보호주의적 경향은 유럽연합의 역외교역 관계에서의 비관세정책의 증가에서 분명히 드러났다. 우선 유럽연합은 분야별, 지역적 차원에서의 광범위한 차별정책수단을 채택했다. 정책 적용에 있어서 선택성(selectiveness)을 적용시킴으로써 유럽의 특정 산업을 보호하였고, 특정 교역상대국들에게는 유럽시장접근에 우선적 지위를 부여했다. 이는 공동통상정책의 적용에 있어서의 집행위원회와 회원국들 간의 빈번한 갈등을 야기하였다. 또한 유럽의 산업 경쟁력 약화는 관세보다 더욱 차별적인 암묵적 비관세장벽 설치를 유도하였으며, 결국 모습을 드러내지는 않지만 유럽연합이 자유무역 원칙으로부터 이탈하는 주요한 계기가 되었다.

비록 공동통상정책이 원칙적으로는 국제무역의 자유화를 추구하려는 의도에서 형성되었을지라도 정책의 실질적 수행 및 의사결정과정에서는 보호주의가 더욱 영향력을 발휘했다. 교역상대국들은 적극적 시장보호 수단으로서의 규제 및 정부보조가 시장 혼란을 가져오는 주요 원인으로 간주하였기 때문에 유럽연합의 정책결정자들은 공동통상정책수단을 사용함으로써 역외국들과의 무역관계를 규제하려 했다.

유럽연합의 공동통상정책에는 역내 경제 하부를 발전시키기 위한 산업정책적 고려, 유럽차원의 보편적 이익 제공이라는 사회정책적 고려, 그리고 비관세장벽구조를 결정하는 규제정책적 고려가 포함되어 있다. 자본주의적 생산관계의 재생산을 위한 이윤창출기제라 할 수 있는 통상정책은 전통적으로 국민국가 고유의 배타적 경제영역으로 인정되어 왔다. 세계경제의 변화에도 불구하고 국민국가는 자국산업의 보호라는 관점에서 상당한 자율성을 갖고 있었다. 따라서 통상정책의 유럽화[24]인 공동통상정책은 1980년대 이후 국제체제의 변화 및 근대사회에서 국가 경제정책의 재편을 상징하는 사례이다.

유럽화의 채택압력이 있다고 해서 필연적으로 국내구조가 변한다고는 예상할 수 없다. 한 국가가 국가의 제도를 유럽의 구조에 맞게 적응시킬 것인지 말 것인지는 국가 내의 중재요소의 유무에 달려 있다. 중재요소란 첫째, 국내제도에 다양한 거부권을 행사할 행위자가 있는가, 둘째, 공식적 제도를 이용할 수 있는가, 셋째, 국가의 조직문화와 정책결정 문화, 넷째, 국내 행위자들의 권력 소유 정도, 다섯째, 행위자의 학습능력이라 할 수 있다.25) 유럽화를 향한 움직임과 강력한 수용압력도 필연적으로 국내제도의 변화로 이행되지는 않는다. 제도의 수용이라는 것은 쉬운 일이 아니다. 유럽화에 따른 국내제도를 변화시키는 데 드는 비용뿐만 아니라 유럽화에 따른 국내제도 자체가 오랫동안의 습관을 갖고 있기 때문이다.

유럽화는 행위자들 간의 상호교류를 공식화하는 정치적 해결능력과 유럽의 규칙을 재창조하기 위한 정책 네트워크로 특징지을 수 있다. 말하자면 통치의 독특한 구조가 유럽차원에서 등장하고 발전하는 것이라고 할 수 있다. 유럽화는 공동체 구조의 성립과 발전, 다층적인 운용기제와 정책결정과정, 서유럽에서 시민들 간의 정체성 확립, 보충성, 주권과의 관계 등 유럽정치의 특징적 제 요소를 지칭하는 포괄적 개념이다. 그러므로 공동체에서 행위자 간 상호작용은 기존의 국제관계 수준의 정부간 관계뿐만 아니라, 초국가와 국가 및 사회적 행위자를 망라한 일종의 정체 내 정치적 현상이라 할 수 있다.26)

제1절 | 자유무역의 이상과 현실

정부가 결정하는 자유무역 혹은 보호무역이라는 방향선택은 공동통상정책 발전에 지대한 영향을 끼칠 수 있으므로 무역기조 선택의 이유를 우선적으로 이해할 필요가 있다. 국제무역의 자유주의적 전통은 자유무역으로 인한 이익의 극대화라는 신고전주의 경제학의 가정에 기초하고 있다. 신고전주의자들은 "만약 시장이 완전하고 경쟁적이며, 균형상태에 있을 때(일반경쟁 균형상태) 자원배분은 최적(Pareto efficient)이다."라는 후생경제학 제1정리를 세움으로써 아담 스미스(Adam Smith)의 '보이지 않는 손'을 이론적으로 정당화시켰다. 시장이 일반경쟁 균형상태에 있을 때 개인은 사회 전체에 대해 미칠 파급효과를 고려함 없이 각자 자신의 사적 이익을 추구하면 된다. 시장의 힘이 상충되는 욕구를 조정하며 무질서한 혼돈의 상태에 균형이라는 질서를 부여함으로써 개인의 사익과 공익은 조화를 이루게 된다. 즉, 인간의 이기적인 이익 추구행위가 시장에서 공적인 '덕'으로 변환된다는 것이다.27)

1. 시장의 불완전성

스팅글러(Stingler)는 국가의 개입의 비효율성과 시장의 효율성을 다음과 같이 설명한다. 시장에서는 비교우위에 따른 상품교환에 의한 국제무역으로부터 국가들은 이익의 극대화를 추구한다. 즉, 각각의 국가들은 서로 다른 생산요소, 예를 들면 특정한 기술, 토지를 비롯한 천연자연의 보유상태가 상이하기 때문에 국가들은 특정한 경제행위를 수행함에 있어서 상대적 비교우위를 갖는다는 것이다. 결국 자유무역이 소비자 비용의 감소를 가져올 수 있다는 것이다. 다시 말해 자유무역에 따른 상품특화의 결과로서 국가의 경제효율성의 증대가 가능하며 국가 전체의 복지 및 후생성이 향상된다는 것이다.

그러나 이와 같은 완전경쟁 시장모델은 비현실적이라는 비판을 받았다. 왜냐하면 신고전주의자들이 주장하는 완전경쟁 시장은 현실적으로 존재하고 있지 않기 때문이다. "완전경쟁 시장하의 자원배분은 파레토 최적"이라는 왈라스(Walras)적인 완전경쟁 균형은 동질적 생산품, 무거래 비용, 완전한 정보라는 가정에 기초하고 있으나, 현실에서의 생산품은 동질적이라기보다는 특화되어 있으며, 거래 비용[28]은 피할 수 없는 것이고, 지식은 소수에게 국한되어 있기 때문에 대중들이 습득하고 처리하는 정보는 부분적인 정보와 지식일 수밖에 없다. 따라서 현실세계는 불완전 경쟁이 지배하는 세계이고, 이러한 불완전 경쟁시장 하에서 자원배분은 효율적이지 않게 된다.

재화와 서비스의 공급을 통제할 수 있는 위치에 있는 독점자나 과점자에 의해 가격이 왜곡되면 가격은 더 이상 재화와 서비스의 희소성을 반영해주는 신호가 될 수 없다. 따라서 소규모 생산자와 소비자 간의 교환이라는 가정은 현대 경제에서는 비현실적이다. 또한 기업들의 광고에 의해 소비자의 선호가 조작되는 현실에서 시장의 보이지 않는 손에 의한 자원의 효율적 배분은 발생하지 않는다.[29]

완전경쟁 시장모델의 또 다른 문제점은 완전경쟁 시장이 작동하고 있지 않은 재화와 서비스 영역이 도처에 존재하고 있다는 사실이다. 이러한 영역에서는 시장이 최적으로 자원을 배분하지 못하는 '시장의 실패' 현상이 발생한다. 첫째, 자연독점 또는 담합독점 하에서는 규모수익체증 현상이 일어나게 되고, 규모수익체증은 기업의 자유로운 진입을 차단할 뿐만 아니라 재화와 서비스를 비효율적으로 낮은 수준에서 공급하게 한다. 둘째, 현실 세계에서는 경제행위를 하는 당사자들이 이익과 비용을 모두 내면화하지 못하고 당사자가 아닌 제3자에게까지 의도되지 않은 이득과 손실을 끼치는 효과, 즉, 외부효과가 발생하는 재화와 서비스가 존재한다.

예를 들면 공장에서 나오는 매연은 공장뿐만 아니라 이웃까지 비용을 치러야 하기 때문에 공장 경영주는 이웃이 치르는 비용만큼 더 많은 매연을 배출할 것이다. 그러므로 해외로 외부효과를 발생시키는 상품은 적정 수준보다 과잉 공급 또는 생산되는 것이다. 반대로 예방접종과 같이 이로운 외부효과를 발생시키는 재화와 서비스는 제3자까지 이득을 나누어 가지기 때문에 적정수준이 요구하는 것보다 과소 생산되는 것이다. 셋째, 비경합성과 비배제성의 특징을 갖고 있는 공공재도 시장에 의해서 최적으로 공급될 수 없다. 공공재는 어느 한 단위의 상품을 소비자에게 더 공급하는 데 드는 한계비용이 제로인 비경합성을 보인다. 등대의 불빛을 한 사람 더 많이 보게 하기 위해서 등대의 불빛을 공급하는 데는 비용이 더 들지 않는다. 공공재는 또한 비배제성을 지니고 있다. 등대의 불빛을 특정한 개인이 못 보게 할 수는 없는 것이다. 공공재의 비경합성과 비배제성으로 인해 공공재는 시장에 의해 적정수준의 공급이 이루어지지 않는다. 왜냐하면 모든 사람들로 하여금 남에 의해 공급된 공공재에 공짜로 편승하여 소비하고자 하는 무임승차 현상을 발생시키기 때문이다. 이와 같은 시장의 불완전성(imperfection), 시장의 실패현상으로 인해 신고전주의 경제학의 완전경쟁 시장모델은 시장의 효율성을 정당화하는 데 미흡했다. 따라서 시장의 실패는 국가개입주의자들에게 시장주의자들의 논리에 근거하여 국가의 개입을 정당화시킬 수 있는 시장실패 국가이론을 제시할 수 있게 했다.

그러나 울프(Wolf)를 비롯한 시장주의자들은 '국가(정부)의 실패'라는 논리로 시장의 효율성을 옹호했다. 시장주의자들은 규모수익체증, 외부효과, 공공재 영역에서 시장이 자원을 효율적으로 배분하지 못한다는 사실을 인정한다 하더라고 그것이 국가의 개입을 자동적으로 정당화하지는 못한다고 주장한다. 울프는 이에 대해 시장의 실패가 일어날 때 국가가 이를 시정하기 위해 개입한다 하더라도 공공목적에 국가경영자(관리)의 사적 효용 계산을 포함시키는 내부효과, 국가수입과 국가서비스의 비용이 일치하지 않음으로 해서 발생하는 비효율, 시장실패를 시정하려는 국가의 개입이 또

다른 분배적 불평등을 낳는 국가의 실패현상이 발생한다고 주장한다.30)

한편, 사손(Sasson)은 무역행위에 국가의 일시적인 제약은 특정한 국내 욕구를 만족시키기 위한 필수 불가결한 요소임에 동의한다. 그는 자유무역의 개념이 완벽한 형태로 해석될 수는 없는 것이며 해석되어서도 안 된다고 주장한다. 즉, 국가들마다 특정 생산수단의 중요도의 차이 및 다양성이 분명히 존재하고 있다는 것을 교역상대국이 인식해야만 한다는 것이다.31) 그러나 이것은 단지 국가가 국내산업의 체계적인 보호를 위한 필요성에 기인한 것이지 정부의 모든 보호주의적 정책수단이 정당화될 수 있음을 의미하는 것은 아니다. 역으로 시장에 대한 정부의 지나친 간섭은 오히려 국제무역의 형태를 왜곡시킬 수 있다. 따라서 수입관세는 수입에 대한 국내적 수요를 감소시키고 감소된 국내수요는 거시적으로 보아 세계적 차원의 수요 감소와 생산품 가격의 하락을 가져온다. 결국 국가는 관세라는 수단을 적절히 사용하여 무역의 형태를 향상시킬 수 있으며, 국내 소비자는 관세수익의 분배를 통해서 혜택을 볼 수 있다.

이와 더불어 가격조정이란 문제는 산업보호를 정당화하기 위한 개념으로 자주 사용되었다. 자유무역체제하에서 상대우위의 국제형태의 변화는 국내의 고용 및 수입분배의 형태에 심각한 영향을 줄 수 있다.32) 국가의 상대우위의 변화에 따라서 경쟁력이 약한 분야에 종사하는 노동인구는 실질적 수입의 감소를 경험할 수 있으며, 동시에 상대우위의 변화는 특정 산업분야의 경쟁력 약화로 인한 실업문제를 발생시킬 수 있다. 상대우위는 고정되어 있는 것이 아니기 때문에 정책결정자에게 있어서 이러한 변화는 정부가 실질적 수입감소에 따른 보상 및 실업자를 지원해야 하는 부담을 의미한다. 따라서 '보호'는 정부가 보상의 수단으로 가격조정을 해야만 하는 상황에 직면하는 것을 피하기 위한 차선책이라 할 수 있다.

2. 유치산업 보호의 필요성

자국산업의 보호를 위해 국가개입을 정당화하기 위한 이유는 '유치산업'(infant industry)과 관련이 있다. 이것은 만약 국가가 특정 산업에서 잠재적 비교우위를 갖고 있다면, 이 산업이 세계시장에서 충분히 자생할 수 있을 때까지 보호될 필요가 있다는 논리이다. 즉, 이는 시간이 흐름에 따라 산업의 상대우위의 형태가 어떻게 변할지 예측하기 어렵기 때문에 일정기간 동안 해외 수입품으로부터 보호받을 필요가 있다는 것이다.[33] 따라서 산업에 대한 정부지원은 산업이 생산력의 극대화 지점에 도달하기 전에 어느 정도의 경험을 축적하기 위한 관리가 필요함이 정당화될 수 있다. 더욱이 만약 산업이 적정한 크기보다 작아서 규모의 경제를 활용할 수 없다면, 특정 산업이 최적의 크기에 도달하기 위한 산업보호 및 보조금 지급이 필요하다는 것이다. 따라서 '유치산업'에 대한 논의는 장기적으로 산업이 상대우위의 궤도에 올라서 경쟁력을 갖출 때까지 정부의 능동적 역할을 필요로 한다는 것이다.

시장의 불완전성은 무역정책의 변수로 작용하기 때문에 정부가 무역정책을 마련함에 있어 상당한 의미를 갖고 있다. 만약 자유무역이 실제로는 존재하지 않고 자유경쟁이 모든 국가에게 더 이상의 이익을 줄 수 없다면 정부는 그들의 산업보호 및 경쟁력을 갖추기 위한 노력을 해야만 한다. 이점에 있어서 국제무역에 대한 새로운 시각은 주로 해외기업을 비롯한 국내기업들의 이윤 확보 또는 이익 회수의 가능성과 관련이 있다.[34] 여기에 전략적으로 중요한 산업부문, 예를 들면 선진기술을 이용한 고위험부담이 있는 혁신적 산업과 타 산업부문보다 자본과 노동이라는 측면에서 고수익을 보장할 수 있는 무역정책결정은 결정의 공식적 행위자인 정부의 역할이 상당히 중요하다고 할 수 있다.[35] 사실 신고전주의 이론가

조차 경제적 자유를 제한할 수도 있는 정부의 적극적 개입이 경제성장을 촉진할 수도 있음을 인정한다. 특정 유형의 자본 활동이 긍정적 외부경제(positive externalities)를 생산한다면, 정책결정자들은 이러한 방향으로 자원이 배분되도록 노력해야 한다는 신고전주의자들의 주장은 '신자유주의적' 정책처방에 대한 반론이기도 하다.

한편, 신자유주의 이론들도 현실에서 완벽하게 검증된 상태라고는 말할 수 없다. 예를 들어 신자유주의 이론가들도 자본축적에 강조점을 두고 신고전파의 성장모형이나 기술변화를 성장의 동력으로 고려하는 내생적 성장모델을 인정하면서도, 이 모델들이 '자유무역'과 '기업의 자유로운 활동'과 같은 중요한 요소들을 배제하고 있다고 비판한다. 즉, '경제적 자유의 신장'과 '경제성장'이 의미 있는 상관관계를 갖고 있다는 주장을 한다. 말하자면 '신자유주의' 정치경제학의 핵심은 '자율적' 시장보호를 위해 사회구조를 변화시키고 재편하는 것이라고 할 수 있다.

코오스(Coase)도 정부규제에 대한 시각과 관점은 단선적이지 않다. 시장은 교환을 쉽게 만들기 위해서, 즉, 교환과 거래의 수행 비용(거래 비용)을 줄이기 위해 존재하는 것이다. 그러나 시장은 단순히 그 안에서 거래가 이루어지고 가격이 결정되기 때문에 시장인 것은 아니다. 그 안에서는 거래 비용을 줄이기 위한 노력이 기울여진다. 따라서 완전한 시장이란 없다는 것이다.36) 코오스는 "완전경쟁에 가까운 어떤 것이 존재하기 위해서는 치밀한 규정 시스템과 규제가 필요하다."는 입장을 취한다. 그는 정부기관을 특수 이익집단에 포획된 존재이거나, 으레 사태를 개선시키기보다는 악화시키는 정책(규제)을 추진하며, 시장의 힘과 미덕에 대해 전혀 모르는 상태에서 행동하는 존재로 보고 있는 것은 사실이다. 그러나 그가 주장하는 바는 정부정책은 언제나 사회적으로 생산 가치를 극대화하는 데 봉사하는 그런 것이어야 한다는 것이다.

크루그먼(Krugman)은 경쟁의 논리에 충실한 시장과 이에 따른 지속적 보상이라는 전통적인 가정이 더 이상 국제무역의 현실을 설명하지 못한다고 주장한다. 오히려 국제무역은 경제의 주기적 변화에 민감하고 규모의 경제와 혁신이라는 역동성을 필요로 한다는 것이다.37) 따라서 '신국제경제학'(new international economics)이 제시한 개념들은 '새로운'이라는 개념이 실질적으로는 시장의 불완전성이 예외가 아니라 규정이기 때문에 자유무역의 개념과는 양립이 불가능하다고 할 수 있다.38)

제2절 | 무역정책 수단의 차별적 적용

공동통상정책을 마련함에 있어서 정책결정자들은 정책결정을 제약하는 수많은 내·외적 요소들을 고려해야만 한다. 무엇보다도 유럽연합을 둘러싸고 있는 현 사회·경제적 상황은 정책결정 행위자로 하여금 문제해결을 위한 정책수단들을 발의하는 데 영향을 주는 중요한 요소이다. 이와 동시에 국제교역환경 또한 유럽연합의 정책결정을 제약하는 요소이다.

정책결정자들은 회원국들의 사회·경제적 상황을 도외시한 채 무역정책을 결정할 수는 없다. 이뿐만 아니라 유럽경제의 산업경쟁력 하락으로 인한 시장의 사회·경제적 충격 또한 무시할 없는 입장이다. 이는 유럽연합이 공동통상정책을 마련하는 데 있어서 사회·경제적인 요인들이 제약요소로 작용하고 있음을 의미한다.

국제무역에 참여하는 모든 국가들에게 공통적으로 적용되는 현재의 세계무역체제는 유럽연합의 통상정책을 결정하는 중요한 외적 제약요인으로 작용한다. 유럽연합은 타 국가와의 쌍무협정 혹은 다자간협정에 의해서 국제적 의무를 준수하지 않을 수 없다. 이것이 의미하는 바는, 만약 유럽연합이 보호주의 정책을 통해서 역내산업을 지원하거나 보호할 의도를 갖는다면 WTO와 역외국으로부터의 심각한 국제적 압력에 직면하게 될 것이라는 사실이다. 따라서 유럽연합은 WTO체제하의 다자간 의무 조항을 준수해야만 하며 무역정책을 결정하는 과정에서 역외국들부터의 보복 가능성을 염두에 두어야만 한다.

　헤이즈(Heyes)는 한 국가가 그들의 국내산업을 위해 보호주의 정책을 채택하려 할 경우에는 정책결정자가 반드시 타국가로부터의 보복 혹은 경쟁에 대한 위험을 고려해야만 함을 지적했다. 만약 정책결정자가 그들의 정책으로 인한 타국정부의 대응을 고려하지 않는다면 타국정부는 그들의 산업이 불공정한 행위로 인해 그들의 산업이 피해를 보았다고 결정 내릴 수 있다. 마침내 이 결정은 무역보복으로 이어질 수도 있음을 경고했다.[39] 타국으로부터의 보복에 대한 공포는 정책결정자가 특정 국내산업을 지원하기 위한 적절한 정책수단을 채택할 때 실질적인 제약요인이다. 따라서 국가는 정책발의로 인한 결과를 고려함이 없이는 무역정책을 수립할 수 없다.

　결과적으로 유럽연합이 무역정책을 마련한다는 것은 정책결정자가 정책수단의 사용에 따른 결과뿐만 아니라 교역상대국에 미치는 영향력도 함께 고려해야 함을 의미한다. 유럽연합의 모든 회원국은 WTO와 다자간협정 또는 쌍무협정을 맺고 있기 때문에 유럽연합의 무역행위는 WTO가 정한 규정에 따라 제약을 받아왔다. 이미 언급한 바와 같이 WTO는 관세와 같은 무역장벽 제거와 관련된 국제협상을 주도하고 국제교역에 관한 일반 규정을 규정하고 있다. 1993년 12월 15일 시작된 다자간 무역협상인 우루과이라운드는 마침내 많은 영역에서 새로운 협상이 시작됨과 동시에 유럽연합의 평균관세율(5.7% → 3.6%)을 낮추는 데 기여했다. 더욱이 유럽연합이 거대한 지역블록으로서 세계 교역에 상당한 영향을 끼친다는 사실은 그들의 무역정책 및 무역행위가 역외 무역상대국들과의 사소한 무역 분쟁에도 쉽게 연루될 소지가 있음을 의미한다. 이는 유럽연합의 보호주의적 성향의 증가가 타국으로부터의 보복을 불러일으킬 가능성이 크다는 것을 암시함과 동시에 정치적 측면에서 보자면 유럽연합의 이익과는 상반되는 방향으로 나아갈 수도 있음을 의미한다. 따라서 다자간 무역시스템의 존재와 무역보복에 대한 두려움은 공동통상정책을 구축하는 데 결정적 요인으로 작용했다.

1. 유럽연합의 선호 국가군

유럽연합의 역외무역장벽이 미국이나 일본에 비해 비교적 낮다는 사실만 가지고 유럽연합의 통상정책이 세계적 차원의 자유무역을 추구하고 있다고 볼 수는 없다. 특히 유럽연합의 대외통상정책은 다음 2가지 점에서 차별적으로 이루어지고 있다. 첫째로, 유럽연합의 무역정책은 유럽 지향적이라는 것이다. 둘째로 유럽연합은 다른 어느 나라보다 특혜무역협정이 많다는 사실이다.40) 이와 같이 유럽연합은 지역적 그리고 분야별로 차별화된 무역정책을 시행하여 왔다. 동시에 유럽연합은 역외국과의 무역관계에 있어서도 무역선호도에 따른 등급(trade preference)을 적용했다. 이는 WTO가 규정하고 있는 '비차별 원칙'(rule of non-discrimination)을 침해하는 것이라고 할 수 있다. 이는 다시 말해 유럽연합의 공동통상정책이 수입제한적이라는 것이다. 유럽연합이 특혜무역협정을 통해서 유지하고 있는 특별한 관계를 분석해 보면, 크게 로메협정(Lome Agreement), 지중해협정(Mediterranean Agreement) 및 일반특혜관세제도(GSP: Generalized System of

Preferences)41)의 형태로 분류가 가능하다. 이러한 특혜는 정치적인 이유로 형성되었다고 볼 수 있다.42) 실제로 유럽연합 회원국들은 그들이 전에 식민지로 통치하였던 많은 개발도상국들과의 무역관계를 유럽연합공동체 차원에서 생각해야 했기 때문에 이들 개발도상국들과 관계형성에 어려움을 갖고 있다. 그러나 아프리카와 캐리비안 지역의 ACP 국가들과의 관계에 있어서는, 이들 지역에 많은 식민지를 가지고 있었던 프랑스와 영국의 입장이 잘 반영되어 이들 지역의 국가들이 로메협정에 의해서 유럽연합 회원국들과 특혜관세를 형성하게 되었다.

지중해 지역에 있는 국가들과의 관계에 있어서는, 지역 안정을 위하여 이 지역 국가에게 특별한 지위를 인정하고 있다. 로메협정으로 유럽연합 회원국들과의 무역관계에서 특별대우를 받지 못하는 다른 개발도상국들에는 일반특혜관세제도 혜택 대상국으로 분류하여, 이들 국가들에게는 1971년부터 수입쿼터를 정하는 과정에서 특별혜택을 주고 있다.

유럽연합의 다양한 무역협정이 무역선호도의 등급에 따라 이루어진다는 것은 알려진 사실이다. 유럽연합의 무역 상대국들 가운데 '유럽자유무역연합'의 회원국들은 유럽연합이 가장 선호하는 국가군이라 할 수 있다. 유럽연합과 유럽자유무역연합 국가들과의 교역은 무관세이며 제조상품(manufactured goods)에 대한 수량제한이 없다.(농산물 제외) 유럽연합과 유럽자유무역연합 국가들 간의 자유무역관계는 1994년 '유럽경제지역'(EEA: European Economic Area)의 창설로 강화되었고, 상품, 사람, 자본, 서비스의 자유이동이 동등한 경쟁조건하에서 확보되었다.43) 유럽경제지역 협정은 유럽연합과 유럽자유무역연합 간의 확대된 교역으로 인하여 '자유무역지대'를 넘어서서 발전했다. 그러나 유럽경제지역은 공동대외관세, 공동무역정책 관련 협의 부족으로 '관세동맹'으로 발전하지 못했다.

유럽연합이 두 번째로 선호하는 국가군은 위에서 언급한 캐리비안지역의 ACP 국가들이다. 로메협정은 캐리비안 국가들의 거의 모든 제조업 상품의 유럽시장으로 수출 시 수량제한, 무관세 또는 관세가 있다면 매우 낮은 관세로 수출이 가능하다는 것을 규정한 협정이다. 유럽의 생산품과 경쟁관계 있는 농산물은 공동농업정책의 규약에 따르지만, ACP 국가들은 세금유예나 특별감세와 같은 다양한 혜택을 본다. 더 나아가 로메협정에는 유럽연합의 시장가격에 맞춰서 시장접근이 가능한 설탕 및 육류 관련 특별 조항이 있다.44) 관세선호와 쉬운 시장접근이라는 혜택을 제외하고라도, 로메협정은 ACP 국가들이 수출로 인한 이익을 안정적으로 확보하도록 기술적 지원과 재정적 지원을 제공한다.

그러나 이디에와 린트너(Edye & Lintner)는 로메협정으로 ACP 모든 국가들이 혜택을 얻는 것은 아니라고 주장한다. 그 이유로 첫째, ACP 국가들의 산업생산품 대부분이 유럽연합 시장에서 충분한 경쟁력을 확보하고 있지 않다는 점, 둘째, 만약 어떤 수출품이 유럽시장에서 경쟁력을 상실한다면 유럽연합은 자율수출규제 협상을 시작하는 경향이 있다는 점, 셋째, 농산물의 경우 ACP 수출품의 75%가 이미 WTO의 최혜국대우원칙 하에 어떠한 제약도 없이 유럽시장에 진입해 있다는 점, 그리고 마지막으로 ACP 국가들에게는 인정된 보조금은 예산상의 이유로 수혜국가들 전부에게 돌아가는 것은 아니란 점을 지적하고 있다.45) 더욱이 유럽연합은 이미 지중해 연안 국가들과도 우호적 무역협정 또는 협약을 맺었다. 이들 국가들은 남유럽 국가군(사이프러스, 몰타, 터키), Maghreb군(알제리, 모로코, 튀니지), Mashreq군(이집트, 요르단, 레바논, 시리아) 그리고 이스라엘로 구성되어 있다.

유럽연합은 이들 지중해 연안 국가들과 역사적, 전략적, 경제적 이유로 밀접한 관계를 유지해 왔고 실제로 이들 국가군들과 협력, 협약, 관세동맹 등 다양한 종류의 통상적 쌍무협정을 맺었다.46) 지중해 연안 아랍국가들과 전 유고연방국가들과의 협정은 상호호혜주의 원칙하에 있지는 않지만 터키, 이스라엘은 부분적으로 상호호혜의 원칙이 적용된다. 대부분의 산업물품은 섬유제품이나 의류와 같이 민감한 품목을 제외하고는 유럽연합시장에 접근이 자유롭다. 농산물의 경우는 이들 국가들은 ACP 국가들보다는 시장접근이 자유롭지 않다.

히티리스(Hitiris)는 유럽연합과 이웃하고 있는 수많은 지중해 연안 국가들은 유럽연합과 비슷한 생필품을 생산하고 수출한다는 사실에 비추어 유럽연합과 지중해 연안 국가들과의 무역협정은 경제적인 이유보다는 정치적인 성격이 강하다고 주장한다.47) 따라서 유럽연합과 지중해 연안 국가들과의 무역협정은 WTO의 최혜국대우원칙을 위반하지 않으려는 속임수에 불과하다는 주장이 가능하다.48)

다음 국가군은 비-ACP 국가군으로 일반특혜관세제도에 의해 관세혜택(의류와 섬유를 제외)을 받고 있는 제조물 수출 국가들이다. 일반특혜관세제도는 선진국의 개도국에 대한 무차별적 비상호주의적 특혜관세 제도를 채택하여 선진국들이 저개발 국가들로부터 모든 제품과 반제품(semi-manufactures)의 시장접근을 허용하는 것을 말한다. 무관세 시장접근은 수량제한을 받고 있는 민감한 생산품을 제외한 모든 상품에 적용된다. 섬유류와 의류와 같은 특정 제품들은 이 시스템으로부터 제외되는데, 이는 특정 상품의 수출은 특별한 쌍무협정에 의해 이미 규제대상에 포함되기 때문이다. 농산물은 관세자유접근(duty-free access)보다 관세혜택에 해당된다. 원칙적으로 일반특혜관세제도는 모든 저개발국가에 대해 유럽연합 회원국이 인정하는 제도이다. 그러나 ACP 국가와 지중해 연안 국가들은 이미 로메협정과 유럽연합이 지중해 연안 국가들과 맺은 협정으로 혜택을 보고 있기 때문에 일반특혜관세제도는 주로 아시아 국가들과 라틴아메리카 국가들에 적용된다.

WTO 회원국인 선진국들은 일반특혜관세제도의 혜택을 이미 받고 있기 때문에 이들 국가에게는 최혜국대우(most favored nation)의 지위만이 적용된다. 비-ACP 국가군으로는 소수의 비유럽산업국가들로 호주, 뉴질랜드, 일본, 남아프리카공화국, 캐나다, 미국 등이 해당된다. 이들 국가들과의 유럽연합의 교역 관계는 WTO 규정에 의거해서 처리되는데 유럽연합은 이들 국가들로부터의 수입품에 대해 WTO의 최혜국대우원칙에 따라 차별 없이 취급한다. 결국 유럽연합의 모든 공동관세는 이들 국가에게만 적용되는 것이라고 할 수 있다.

1980년대 중반까지 동유럽 국가들과의 교역은 유럽연합의 무역선호 국가별 위계질서에서 가장 아래쪽에 위치해 있었다. 그러나 1989년 이래로 중·동부 유럽국들의 정치·경제적 개혁에 속도가 붙기 시작하자, 1990년대부터는 유럽연합으로부터의 수입쿼터의 제재를 받는 품목의 수가 줄어들고 유럽연합에 동구권 국가들이 가입함에 따라 일반특혜관세제도가 허용되었다. 더욱이 1990년대 초 헝가리와 폴란드와는 협력협정을 맺었고, 불가리아, 루마니아, 체코와의 자유무역지대 설립을 위한 목적에서 새로운 협정을 맺었다.49) 2004년 헝가리, 폴란드, 체코, 슬로베니아, 에스토니아, 사이프러스, 라트비아, 리투아니아, 몰타, 슬로바키아의 유럽연합 가입으로 중·동부 유럽국들의 지위는 상당히 개선되었다.

2. 분야별 선호도

유럽연합은 지역적 차원에서뿐만 아니라 분야별로도 다양한 무역정책수단을 사용하고 있다. 예를 들어 섬유, 의류, 농업, 철강산업과 같은 다양한 분야에서 보호주의 정책을 폄으로써 상당한 이익을 얻고 있다. 보호주의정책의 기반은 '다자간 섬유협정'(Multifiber Arrangement)[50]에 있다. 다자간 섬유협정은 개발도상국들로부터의 섬유수입을 규제하기 위한 장치이며 유럽연합과 협정 대상국들과의 쌍무협정이다. 다자간 섬유협정에는 첫째, 역외국들과의 가격경쟁에 민감한 상품을 보호하기 위한 유럽차원의 쿼터가 존재하고 상품쿼터는 다시 국가별 쿼터로 나누어진다. 둘째, 어떤 수입품은 '바구니출구'(basket exit)라는 장치가 적용되는데, 이는 만약 특정 국가들로부터의 수출이 유럽연합시장이 허용한 물품 총수입량의 한도에 다다랐다면 유럽연합은 상품에 대해 적용 가능한 쿼터 수준에 맞춰서 재협상을 요구할 수 있다는 것이다. 셋째, 민감한 품목 수입의 급격한 증가를 막기 위해서 수입량을 규제하기 위한 수입절차에 새로운 장치를 마련할 수 있다는 것이다.[51] 결국 섬유와 의류수입의 거의 반 이상이 유럽연합의 수량적 제한의 차별적 감시를 받고 있는 것이다. 따라서 모든 수입품의 단지 1/4만이 어떤 종류의 협상에 의해서도 방해받지 않고 있다고 할 수 있다.[52]

농업은 유럽연합 차원에서 보호를 받고 있는 또 하나의 중요한 산업이다. 농업 분야는 더 이상 설명이 필요 없는 분야로서 로마조약 제38조에서 제43조에 걸쳐 '공동농업정책'의 목적이 광범위하게 규정되어 있다. 그 목표는 농업생산성 증가, 농민과 농업생활 종사자의 적정한 생활수준의 보장, 시장의 안정화, 농산물의 정상적 공급보장과 소비자에 대한 적정가격의 보장에 있다. 따라서 공동농업정책은 농업수입증대를 위함이 목적일 뿐만 아니라 식량수입에 있어서도 회원국들의 의존성을 감소시키기 위한 것이라고 할 수 있다.[53] 이러한 공동농업정책의 광의의 목표들을 달성하기 위해 유럽연합은 국제무역 규정에 반하는 상당한 보호주의적 수단들을 설치했고, 주요 수단 중에 하나가 관세였다. 이는 유럽연합의 농민들에게 국제시장가격과 비교해서 그들이 생산한 농산물에 충분히 높은 가격을 확보해 주는 것을 그 목적으로 한다. 따라서 관세는 국제가격과 환율의 변동에 따른 금전적 보상을 위해 자주 바뀌었다. 이와 동시에 수입쿼터는 낙농제품, 과일 및 채소, 설탕 등과 같이 다양한 농산물의 보호를 위해 정해졌다. 이와 같이 쿼터는 생산물의 역내가격이 세계시장가격보다 높게 형성되는 것을 보장해 주는 수단으로 이용되었다.54)

윌리엄스(Williams)는 공동농업정책의 근본적인 문제는 유럽연합 차원에서 책정한 농산물 가격이 세계시장에서 형성되고 있는 가격보다 높게 형성되었다는 점에 있고, 이로 인한 재고의 부족과 비싼 소매가격의 형성이 문제점이라는 것을 지적한다.55) 결국 1992년 각료이사회는 공동농업정책의 개혁안에 동의했다. 개혁의 주요 지침은 첫째, 국내·국제시장에서 농산물의 경쟁력 확보를 위한 가격인하, 둘째, 가격하락에 따른 보상수단으로 농가에 대한 직접적 수입 지원, 셋째, 특정 생산물에 대한 강력한 쿼터적용 등이다. 개혁의 기본적인 원칙들과 더불어 환경보호를 위한 생산기술 향상 수단이 제시되었고, 고령의 농민들을 위한 은퇴 이후의 삶 보장, 토지의 용도변경방법 등이 장려되었다. 그러나 이러한 개혁에도 불구하고 공동농업정책은 아직도 공동가격체제, 수입농산물에 대한 공동보호, 공공기관에 의한 구매 개입 등에 의존하고 있다.56) 따라서 농업생산물에 대한 지원 부담이 유럽연합 내의 소비자에게로 전이되었고, 유럽연합의 공동농업정책은 국제교역을 왜곡했다. 그러나 우루과이라운드 협상의 결과 선진국들의 농민을 위한 6년간의 수입지원은 23%까지 줄여야만 했고, 수출보조금의 규모는 상당 수준 감소되었다.

유럽연합의 철강분야와 관련된 정책 또한 분야별 차별무역정책이라 할 수 있다. 유럽연합은 철강산업이 유럽석탄 및 철강공동체에 의해서 통제되면서 철강분야에 대한 유럽연합의 무역정책은 정책결정과정의 특별한 제도적 형태 하에서 실행되었다. 다수결에 의한 집행위원회의 제안을 채택하고 있는 대부분의 산업분야와는 달리 유럽석탄철강공동체조약은 각료이사회가 철강산업에 대해서는 만장일치로 집행위원회의 무역정책제안들을 채택해야만 한다고 규정되어 있다. 철강분야에서만큼은 개별회원국들이 무역정책결정과정에 상당한 영향력을 행사할 수 있음을 의미한다. 한때 철강산업은 유럽연합의 핵심 산업 중에 하나였다. 그러나 현재는 수요의 급감과 경쟁력 약화로 인해 '위기분야'(crisis sector)로 분류되고 있다.

다비뇽은 유럽연합의 철강산업 위기에 대처하기 위한 제안으로 철강생산품에 대한 가격 범위를 설정할 것과, 기존의 공장을 현대화시키고, 생산량 축소를 위해 유럽의 철강업자들 간의 자발적인 제한 생산을 할 것을 주문했다. 그러나 수입량의 증가로 인한 가격지침은 준수되지 않았다. 이에 유럽연합은 철강수입에 대한 최소가격을 제시하고, 역외 철강공급업자들과 '자율수출규제' 협정을 맺었다.57) 이와 같이 해외로부터의 철강수입을 규제하고 역내산업에 보조금을 지급함으로써 외국과의 경쟁으로부터 유럽의 철강산업을 보호하려는 다양한 조치들이 취해졌다.

3. 국가별 무역정책 선호도

정책결정과정은 주요 행위자들의 다양한 이해관계뿐만 아니라 회원국들의 이해관계도 포함되어 있다. 회원국들의 정책 선호는 개별국가의 특유한 경제구조 및 정치적 전통으로 인해 다를 수 있으며, 회원국들의 공적인 위치는 프랑스, 이탈리아와 같은 보호주의적 무역성향을 띠는 국가로부터 독일을 비롯한 자유주의 무역을 선호하는 국가들까지 다양하다. 영국과 같은 국가들은 정책토론에서 타 국가들과 비교했을 때 상당히 실용주의적 입장을 취하는 경향이 있다는 것은 잘 알려진 사실이다. 국제무역에 관해서 비슷한 시각을 갖고 있는 회원국들조차도 특정 정책수단에 대한 그들의 선호도가 항상 일치하는 것은 아니다. 사안에 따라서 여타 회원국들은 자유무역과 보호무역을 적절히 혼용하여 사용하곤 한다. 그들의 공식적 입장은 때로는 시기에 따라서 혹은 특정 정책에 따라 수시로 변한다. 따라서 유럽연합의 회원국들이 국제교역을 보는 시각은 다양하다고 할 수 있으며, 통상정책결정과정에서 다양한 시각은 다시금 각기 다른 선호도로 표출된다.

거시적 관점에서 독일을 비롯한 몇몇 회원국들은 개입주의적이고 보호주의적인 정책수단의 사용은 자국 및 유럽연합 전체의 산업경쟁력을 약화시킬 수 있으며, 자유무역을 추구할 때만 그들의 경제가 성장할 것이라는 믿음을 갖고 있다. 예를 들어 유치산업을 보호한다는 것은 미시적으로 보아서는 당연한 선택일지 모르나 일시적인 보호조치가 영속적일 수도 있으며 결국에는 산업혁신과 구조조정에 악영향을 끼치는 요소가 될 수도 있다는 것이다.58) 독일 정부는 비관세장벽과 같은 불필요한 무역정책수단을 제거해야 한다고 주장한다. 전통적인 수출국으로서 독일의 자유무역에 대한 입장은 경제 및 산업경쟁력에 있어서 그들의 자신감을 반영하고 있다고 볼 수 있다. 그러나 최근 독일이 겪고 있는 경기침체는 비록 독일이 국제교역 자유화의 강한 주창자임에는 틀림이 없을지라도 독일 정부로 하여금 무역 및 산업문제에 개입주의적이고 보호주의적인 성향을 띠게 만들었다.

네덜란드와 덴마크 역시 국제무역에 있어 반드시 방어해야만 하는 특별한 이익이 걸려 있는 문제가 아니라면 자유무역 원칙을 지지한다. 콜과 메네스(Kol and Mennes)는 네덜란드는 유럽연합뿐만 아니라 역외국들도 이익을 확보할 수 있는 공동통상정책을 지지하지만, 만약 자국의 산업 또는 기업이 외국의 경쟁자들로부터 손해를 입게 된다고 판단될 때에는 자국의 이익 방어를 위해서 필립스와 같은 대기업이나 혹은 특정 산업을 보호하기 위한 보호주의 정책을 취할 수도 있다고 주장한다.

한편, 벨기에는 네덜란드 이상으로 보호주의적인 입장을 취한다.59) 사피에르(Sapir)는 벨기에를 국제무역에 대한 두 관점(자유무역과 보호무역) 사이에 대입시킨다면 중간자적인 입장을 취하지만 농업, 철강, 섬유 등과 같은 자국 민간산업분야에서는 자유무역의 입장을 지지하지 않는다고 주장한다. 이를 유추해 보면 벨기에도 대규모의 고용문제와 연관되어 있을 때에는 보호주의 무역정책을 선호하는 경향이 있다는 것을 예상할 수 있다.60)

무역정책결정에 대한 영국의 공식적 입장은 실용주의적이다. 비록 영국이 어떤 경우에는 자율수출규제조치처럼 보호주의적 정책을 지지하는 것 같지만 영국은 국제무역에 있어서 대체로 자유무역정책을 지지하는 경향이 있다. 더욱이 무역정책수단들을 마련함에 있어서도 영국 정부는 고기술 산업과 같은 특정 산업분야에서 새로운 관리기법과 향상된 기술 습득을 위해 외국기업과의 협력 필요성을 강조한다.61) 그러므로 영국이 채택하고 있는 정책의 관점은 세계무역의 현 개방수준을 지지하는 경향이 있음을 알 수 있다. 영국 정부는 역내시장의 형성을 환영하며 국가의 이익이 외국경쟁자에 의해서 심각하게 침해받을 경우를 제외하고는 일시적 보호주의에도 동의하지 않는다고 할 수 있다.62)

반면, 프랑스는 국제무역자유화로 인한 혜택은 모든 국가에게 돌아가는 것은 아니며 경제적으로 강한 분야 혹은 국가에게 적합한 시스템이라고 주장한다. 프랑스 정부는 유럽연합 회원국들 간의 무역장벽을 낮추는 것에는 동의하지만 역외국들에게 역내시장으로의 접근을 허용하는 것에는 반대하는 입장이다. 1983년 각료이사회에 제출한 보고서에서 프랑스는 유럽연합의 산업이 미국과 일본과 같이 경쟁력을 갖추기 위해서는 대규모의 공동투자가 이루어져야 한다고 주장함과 동시에 역내장벽을 낮추는 것이 보호주의적 정책수단의 증가와 병행되어야 함을 주장했다. 따라서 프랑스는 국가수량제한 또는 국가보조금 지급과 같은 명백한 정책수단으로 특정 산업분야를 보호하고 지원했다.63)

보호주의적인 태도는 다른 유럽연합 회원국에서도 발견할 수 있다. 예를 들어 이탈리아 정부는 노동집약적 산업과 같은 전통적인 제조업분야를 지원하고 있으며 포르투갈은 다자간 섬유협정체제하에서 시장왜곡을 피하고 산업구조조정과정을 용이하게 하기 위해서 섬유 및 의류 산업에 대한 보다 폭넓은 보호를 요구했다. 또한 자율수출규제와 쿼터적용과 같은 국가수단을 적용함으로써 자동차 수입을 제한했다. 이와 같이 이탈리아와 포르투갈은 어떤 다른 회원국들보다 역외국으로부터의 수입품에 대한 쌍무적 무역제한조치를 적용하고 있다. 이와 비슷한 이유로 그리스와 아일랜드 역시 유럽연합의 무역정책결정에 있어서 보호주의적 성향을 지지하는 입장이다.

이 외에도 유럽연합 회원국이 앞에서는 개방을 외치면서도 뒤에서는 보호주의 장벽을 높이고 있다는 증거는 곳곳에서 나타난다. 특히 유럽연합의 지도적 위치에 있는 프랑스나 독일의 경우 정치적 이익을 고려하여 기업합병을 허용함으로써 경쟁을 제한하는 경우가 많았다. 예를 들면 1995년 독일의 대표적 버스제조회사인 메르세데스벤즈(Mercedez-Benz)와 카스보허(Kassboher)사와의 합병이 유럽연합 집행위원회에 의해 승인된 것을 들 수 있다. 양대 회사의 시장점유율이 75%임에도 불구하고, 합병이 승인된 것은 경쟁원리보다는 독일의 노동시장 및 특정 지역경제를 고려한 정치적 결정의 결과였다. 또 다른 예는 1992년 프랑스 생수시장의 대표적 기업인 네슬레(Nestle)와 페리에(Pettier)의 합병이 유럽연합 집행위원회에 의해 승인된 경우이다. 양 회사의 시장점유율이 60%에 달했음에도 불구하고, 승인된 것은 당시 마스트리히트조약 비준에 대한 국민투표를 앞두고 프랑스 국민들의 지지를 얻기 위한 집행위원회의 정치적 고려가 작용한 결과이다.

최근의 예로 프랑스는 11개 민감한 산업에 대한 외국기업의 투자를 제한하는 법안을 마련해 2005년 말부터 시행에 들어갔다. 즉, 자국기업의 보호를 위해 일부 분야에서 외국의 투자를 원천 봉쇄한 것이다. 독일은 폴크스바겐이 외국기업에 인수·합병되는 것을 막기 위해 1960년 제정한 폴크스바겐법을 둘러싸고 집행위원회와 갈등을 빚고 있으며, 유럽사법재판소는 이법의 정당성을 심리 중에 있다. 룩셈부르크 정부는 2006년 1월 자국 철강회사 아르셀로를 255억 달러에 인수하겠다는 인도 철강업체 미탈의 제안에 자국민이 해고될 것을 우려해 반대하고 나선 적이 있다. 폴란드 역시 자국 은행과 외국은행의 인수·합병의 방지를 추진하고 있다. 특히 15개 구유럽연합 회원국 중 영국, 아일랜드를 제외한 12개국이 10개 신규회원국으로부터 노동력 유입을 제한을 하고 있다. 따라서 높은 실업률과 낮은 경제성장으로 고전하는 주요 회원국 정부가 경제 개방을 부추길 수 있는 개방정책을 채택하기는 어려울 것이며, 보호주의 정책을 견제할 유일한 무기가 유럽사법재판소 제소뿐이라는 점도 유럽연합 내 보호주의 정책 확산에 기여하고 있다고 볼 수 있다.

이와 같이 비록 회원국들이 유럽연합 차원의 상호 협조에 의한 이익을 인정할지라도 회원국들 간에는 아직도 상당한 정책선호도의 차이점을 발견할 수 있다. 국제무역에 대한 갈등적 시각은 각료이사회와 같은 유럽연합제도를 통해 어느 정도는 해결이 가능하지만 상반된 관점은 의사결정을 지연시키는 결과를 가져온다. 결국 회원국들의 정책에 대한 상이한 입장은 개별행위자의 목표와 국내 경기에 따라 변화하며 이는 공동통상정책에 상당한 영향을 주고 있다고 볼 수 있다.

제3장

조약에 따른 공동통상정책의 변화

유럽연합의 무역정책은 공동통상정책으로 대표된다. 공동통상정책은 유럽연합의 영역별 기능을 보다 세부적인 규정하고 있는 EU 기능조약(TFEU) 206조~207조에 규정되어 있다. 공동통상정책은 역외관세율의 결정, 제3국과의 무역협정 체결, 수출정책과 반덤핑 조치 또는 보조금 상계관세 등의 조치에 있어서 공통의 원칙에 근거하여 처리하도록 명시하고 있다. 반면, 공동통상정책의 범위와 관련해서는 개별회원국의 주권에 해당하는 경제 및 무역정책의 축소로 이어지는 예민한 문제이기 때문에 명확한 규정이 없다. 그러나 우루과이라운드 타결 이후 서비스의 국경간 이동, 지적재산권 등이 다자간 협상에서 본격적으로 다루어졌고, 이에 따라 유럽연합 이사회의 이사회 결정 등을 통해 공동통상정책의 범위를 모든 서비스와 지적재산권의 상업적 측면에 관한 조약을 협상하고 완성하는 부분으로까지 확대하였다.

이번 장은 유럽연합의 공동통상정책을 구체적으로 분석하기 위한 장으로서, 공동통상정책 결정과정과 관련된 공식·비공식적 행위자 분석 등 정치적 분석에 앞서 우선 공동통상정책의 시행배경 등 경제적 요인에 대한 분석을 한다. 이를 위해 암스테르담조약과 니스조약에서의 공동통상정책의 변화 및 차이점을 검토한다.

공동통상정책은 공동농업정책과 함께 유럽연합이 출범 초기부터 회원국으로부터 독립하여 전적인 권한을 행사해 온 정책분야이다. 1957년 로마조약에 의해 설립된 유럽경제공동체는 역내국가 간 관세와 수량제한을 철폐하고 대외적으로는 공동관세를 운영하는 관세동맹을 1969년 전까지 완성하는 것을 핵심목표로 삼고 있었다. 관세동맹은 역외수입품에 대해서는 공동의 관세와 통일된 수입절차를 적용해야 하므로 관세동맹이 효율적으로 기능하기 위해서는 각 회원국이 개별적으로 실시해 오던 통상정책을 단일화하지 않으면 안 되었다. 관세동맹은 국제통상무대에서 하나의 단위로 행동해야 하며 국제통상교섭 시 일관된 의견을 제시해야 하므로 국제무대에서의 교섭력을 강화하기 위해서도 공동통상정책의 실시는 절실하였다.

제1절 | 의사결정방식의 변화와 공동통상정책

마스트리히트조약은 통화분야 및 거시경제 분야의 통합을 강화하고, 공동체 정책을 외교안보 및 내무사법 분야까지 확대하였다는 점에서 유럽통합과정에서 중대한 전환점이었다. 오스트리아, 핀란드, 스웨덴 등 일부 '유럽자유무역연합'(EFTA: European Free Trade Association)[64] 국가의 유럽연합 가입과 중동부 유럽 국가로의 확대문제, 그리고 회원국 확대에 따른 유럽연합조직과 의사결정과정의 개혁이 주요 과제로 대두되었다. 유럽자유무역연합의 3개국의 가입신청 이후 회원국 확대에 따른 이사회 의사결정의 지연을 우려하여 프랑스, 독일 등 강대국들은 기존의 만장일치제 적용분야를 단계적으로 가중다수결로 확대하고자 하였으며 다수결제 운영에 대한 유럽연합 회원국 내 대국과 소국 간 의견 대립이 표면화되기 시작하였다. 1996년~1997년간 정부간 회의는 유럽연합창설조약, 즉, 마스트리히트조약의 시행성과를 평가하고 유럽연합 회원국의 확대를 계기로 의사결정 방식의 개혁 등 기존 조약의 개혁을 목적으로 개최되었다. 이러한 정부간 회의의 논의를 종합하여 마스트리히트조약을 개정이라고 볼 수 있는 암스테르담조약이 1997년 10월 체결되었다. 이 조약은 회원국들의 민주주의적 원칙 존중을 강조함으로써 보다 민주적인 유럽을 지향하는 동시에 새로운 공동정책분야로 고용분야를 포함시켰다. 이와 함께 마스트리히트조약의 3대 지주인 내무사법 분야의 대부분을 기존 유럽연합 공동정책의 일부분으로 통합시키고, 공동외교안보 분야를 강화하였다.

또한 경제통화동맹(EMU: European Monetary Union)과 거시경제 분야의 정책공조도 강화되어 경제통화동맹 3단계에 있어서 환율조정장치에 대한 결의와 1996년 12월 더블린 정상회담에서 합의한 '안정 및 성장협약'을 결의문 형식으로 채택하였다. 한편, 영국이 마스트리히트조약의 사회정책에 관한 opt-out을 철회함에 따라 기존의 사회정책 의정서가 암스테르담조약으로 편입되고, 쉥겐조약도 암스테르담조약의 일부분으로 통합되었다. 이외에도 '유연성 규정'(flexibility clause)[65]이 새로 추가되었다.

1. 공동통상정책분야의 권한배분 문제 대두

암스테르담조약 이후 정부간 회의에서는 중동부 유럽 국가로의 유럽연합의 확대와 이에 대비한 유럽연합의 제도개혁 문제가 가장 중요한 과제로 논의되었다. 2000년에 시작된 정부간 회의는 유럽연합의 제도개혁에 있어서 새로운 변화의 기회를 제공했다. 니스조약으로 정점을 맞은 협상은 집행위원회의 크기와 구성 그리고 선거제도에 관심이 집중되었다.

1957년 발효된 로마조약 이후 지속되어 왔던 공동통상정책은 실질적 변화를 겪었고, 특히 회원국들 간의 공동통상정책분야의 권한 배분문제가 논란의 대상이었다. 즉, 집행위원회의 대외 협상능력을 강화시킬 것인가, 아니면 회원국들의 정책결정 권한을 강화시킬 것인가가 문제의 핵심이었다. 따라서 가중다수결 투표제의 확대 결정은 숙제로 남아 있었다. 이와 함께 유럽연합의 동구권으로의 확대 전망 또한 정부간 회의의 결과에 상당한 영향을 주었다. 왜냐하면 '확대'는 제도의 순수한 기능적 변화를 넘어서는 실질적인 제도 변화를 가져올 것이며, 제도의 변화는 유럽연합의 현실과 미래의 요구에 부합되는 것이어야만 하기 때문이었다. 그러나 니스조약은 단지 유럽연합 확대에 따른 중요한 몇 가지 제도 변화만을 고려 대상에 포함시켰다. 공동통상정책의 개정, 농업정책, 통상정책 의사결정 체제, 구조기금과 사회결속기금의 문제 등은 예상과 달리 완벽한 개정이 이루어지지 않았다.

국제정치에서 유럽연합의 역할은 과거 20년 동안 실질적으로 증대했다. 특히 공동외교안보정책을 목표로 한 정치적 접근은 유럽연합이 절대적으로 가까워지게 된 결정적인 계기라 할 수 있다. 세계화의 기조하에서 유럽연합의 역할이 증대하게 된 원인은 크게 둘로 설명이 가능하다. 첫 번째, 우루과이라운드의 결과 WTO체제 내에서의 유럽연합의 지위향상과 두 번째, 단일유럽의정서와 마스트리히트조약 체결로 유럽연합 회원국들 간의 관계가 개선된 점을 들 수 있다.

2. 협상권한을 둘러싼 갈등

공동통상정책은 유럽연합을 지탱하는 토대라고 할 수 있다. 그러나 유럽연합을 대표하는 협상권을 집행위원회가 보유하는 것에 대한 회원국들의 반대는 공동통상정책 초기부터 지금까지 이어지고 있다. 즉, 집행위원회는 회원국 정부의 감시하에 무역관련 사안들을 처리해야만 했다.66) 회원국들은 자국의 이익을 대신하는 행위자들이 로비 행위를 지속할 수 있기를 희망했다. 따라서 개별회원국들은 유럽통합의 발전을 지연시킬 수가 있었다. 거부권 행사자의 존재는 유럽연합을 예측 불가능한 교역상대로 인식하게 만들었고, 협상과정에서 공동 지위로 인한 협상 위기의 예는 많은 곳에서 발견된다. 외부로부터의 도전에 대한 통합된 대응원칙은 주권이라는 명목 하에 자주 파기되었다. 이는 다시 공동권위라는 균형상태로 돌아갔다. 그 결과 공동통상정책의 실질적 작동은 늦춰지게 되었고 엄격하게 진행될 수밖에 없었다.67)

암스테르담조약과 비교해서 니스조약의 가장 큰 변화는 30여개의 조항이 다수결제도를 소개하고 있고 적용된 분야의 양과 질이 향상되었다는 점이다. 또한 앞서 논의하였듯이 니스조약 제133조는 로마조약 이래 가장 실질적인 수정이 가해졌다. 제133조 2항은 "집행위원회와 이사회가 맺은 협정의 내용은 공동체의 규칙과 정책에 일치(consistent)되어야 한다."라는 항목이 추가되었다. 이 항목이 의미하는 바는 국제규정을 빌미로 협정의 개정 시도를 미리 차단하려는 회원국들의 의도가 숨어 있다고 할 수 있다. 즉, '일치'라는 것은 집행위원회는 이전의 규칙에서 벗어난 어떤 것도 협상할 수 없다는 것을 의미한다. 이에 집행위원회는 법률 사무국을 통해 '일치'(consistent)라는 문구를 '부합'(compatible)이라는 문구로 대체할 것을 요구하였고 마침에 이 항목은 집행위원회의 요구대로 부합이라는 문구로 대체되었다.68)

집행위원회가 권한을 넘어선 행위를 할지도 모른다는 회원국들의 의심은 협상과정에서 사용된 습관적 관행의 명문화를 유도했다. 예를 들면 "집행위원회는 주기적으로 특별위원회에게 협상진행 사항을 보고한다"(제133조 3항). 특별위원회, 즉, 133조 위원회는 무역협상기구가 일반이사회에 권한을 위임할 것인지에 대한 검토를 요구할 경우 집행위원회의 자문을 구하고 그 과정을 항상 요약 보고한다. 이와 같이 집행위원회와 133조 위원회 간의 관계는 나아진 것이 없었다. 암스테르담조약을 이끈 정부간 회의기간 동안 집행위원회는 공동체의 권한이 단순자문역할에 그칠 것을 주장하였고, 집행위원회는 회원국 대표들과의 협의 없이 자율적으로 협상에 임할 수 있었다. 그러나 이러한 제안은 조약체결 막바지에 무시되었다. 오히려 니스조약 협상과정에서 프랑스는 집행위원회와 이사회의 임기 수정을 협상과정에 포함시킬 것을 제안했다. 니스조약이 체결될 때까지 모든 정부간 협상에 대한 대중의 부정적 견해의 대부분은 정보와 투명성 부족이었다. 니스조약 제133조의 개정에도 불구하고 투명성과 단순성이라는 대중의 요구는 로비 혹은 국내정치상황으로 인해 양자를 만족시킬 수가 없었으며, 특히 공동통상정책 확대에 있어서 집행위원회는 지적재산권 투자 서비스 분야의 협상 독점권을 획득하지 못하였다. 이는 대외무역에 있어서 국가주권의 보장은 변함이 없음을 의미한다.

지금까지의 논의를 종합해 보면 암스테르담조약이나 니스조약에서의 국가들의 물질적 이해관계는 변하지 않았다는 것이다. 즉, 국가의 선호는 변하지 않았다. 단지 변화라면 유럽연합의 확대가 가져올 제도적 절차의 문제점을 니스조약에서는 다루었다는 점이다.

2004년 전까지 15개 회원에서 가중다수결 표결수는 총 87표로 의결을 위해서 71.3%인 62표가 필요했다. 2005년과 2007년에 걸쳐 12개의 회원국이 새로이 가입하면서 표결수와 가결을 위한 비율이 변화하고, 몇몇 필요사항들이 덧붙여졌다. 그러나 가중다수결 표결이 가진 원래의 목적은 변함이 없다. 역시 각 회원국들은 가중치에 의해 차별적인 표결수를 부여 받는데 인구 대국은 27~29표, 중간 규모의 국가는 7~14표, 그리고 소국은 3~4표에서 결정하였다. 총 회원국이 28개국이 되면서 가중다수결 표결수는 352표로 재조정되고, 가결을 위해서는 260표로 이전보다 그 비율이 다소 상향조정되었다. 덧붙여 여기에 중요한 조건이 부가되었다. 의사결정을 위해서는 유럽연합 총인구의 62%를 넘어야 한다는 것이다.

가결을 위한 표결 비율이 71.3%에서 73.9%로 높아졌다는 것은 인구 소국들을 포함해 보다 많은 국가들의 찬성을 요한다는 것을 말한다. 이러한 표결비율에서는 인구가 많은 3개의 국가가 연합을 하여도 의제를 거부할 수 없다. 보통 의제결정을 위한 국가간 연합보다는 부결을 위한 연합이 돌아올 정치적 부담감으로 훨씬 어렵다고 할 수 있다. 따라서 이러한 방식으로 강대국이 연합하여 의제를 거부하는 전횡을 막을 수 있다.

가중다수결 표결의 가장 두드러진 특징은 대국과 소국은 엄밀한 인구비례에 따른 표결수를 갖지 않는다는 사실이다. 역시 인구 8,200만의 독일이 29표를 가진 반면, 인구 40만의 몰타가 3표이다. 독일은 몰타에 비해 인구수는 약 200배가 많지만 표결수의 차이는 불과 약 10배에 불과하다. 나아가 가중다수결 표결은 대국간에도 힘의 격차를 완화한 것이다. 인구 8,200만의 독일과 5,900만의 프랑스가 같은 29표를 가지고 있다. 물론 이러한 이유는 특정 국가의 의사가 과도하게 개입되는 것을 막기 위한 제도적 방편이다.

문제는 가중다수결 표결방식이 많은 인구를 보유한 국가에게 제도적인 불이익을 안겨준다는 사실이다. 가중다수결 표결에서는 소국의 이해관계를 존중한다는 민주주의 원칙을 준수하기 위해 대국의 권한을 억제함으로써 결과적으로 보다 많은 인구의 의사가 제약되는 부작용을 낳았다. 유럽연합은 이러한 폐단을 막기 위해 가결을 위해서는 유럽연합 총인구의 62%라는 조건을 삽입하였다. 만약 가결에 필요한 표결수 255표가 나와도 회원국의 투표결과를 집계해 유럽연합 전체인구의 62%에 미치지 못하면 의제는 성립되지 않는다. 이러한 규정은 2001년 니스조약에서 새롭게 만들어진 것으로 통상 이중다수결(Double Majority)이라고 부른다. 이중다수결은 기존의 가중다수결이 대국에 비해 소국들이 상대적으로 과도한 표결을 갖는다는 단점을 시정한 것이다. 또한 유럽연합 시민들의 의사를 보다 충실히 반영한다는 민주주의 원칙을 담은 것이다.

가중다수결 표결은 1980년대 이후 경제통합을 위한 단일시장정책에 주로 적용되었으나, 이후 조약 수정을 거듭할수록 적용 정책이 확대되어 교육정책과 같은 여러 사회정책에도 적용되고 있다. 또한 본 표결 방식은 현재 유럽연합의 대부분의 예산절차 과정에 적용되며, 단일시장을 위한 여러 프로그램, 교육, 보건 및 범유럽네트워크(Trans-European Network), 통화 및 환경정책 등 다양한 정책에서 적용되고 있다. 통합이 진척되면서 기존에 만장일치로 결정하던 많은 사안들이 점차 가중다수결 표결로 전환되고 있다. 물론 이러한 이유는 보다 신속한 의사진행을 위한 것이며, 회원국들이 점차 통합에 대해 이해를 같이 하면서 공동의 이해가 넓어지고 있다는 의미로도 해석할 수 있다.

이러한 가중치는 회원국간 인구규모의 차이를 인정하면서도 소국들의 의사도 존중한다는 정치적 목적을 내재한다. 즉, 가중다수결은 엄격한 인구비례에 따른 표결수를 고집하지 않고 소국들에게는 인구비례보다 과도한 표결수를 부여한 것이다. 인구 8,200만 명인 독일은 29표를 갖는 반면 인구 40만 명인 몰타는 3표를 갖는다는 점에서 소국인 몰타는 상대적으로 인구에 비해 표결수가 과도하다.

28개국에 배분된 표결수를 모두 합치면 345표로 가결을 위해서는 총 표결수의 약 2/3선인 255표가 필요하다. 가중다수결 표결은 오랫동안 총 표결수 대비 가결 표결수 만으로 이루어졌다. 그러나 인구규모가 적은 국가들이 대거 가입하면서 표결 왜곡 현상이 일어났다. 즉, 주로 소국들이 연합하여 255표를 획득하였다고 하여도 실제 이들 국가의 인구를 집계하면 유럽연합 회원국 전체 인구의 2/3 수준에 미치지 못하는 경우가 발생하는 것이다. 이에 따라 현재의 가중다수결 표결을 통한 의사결정은 두 가지 조건 즉, 255표의 가결 표결수와 가결표를 던진 회원국 인구 합계가 유럽연합 총 인구 대비 62%를 넘어야 한다. 그러나 향후 지속적인 회원국 확대가 예상되므로 표결의 가중치는 계속 조정이 필요하다. 유럽연합은 이러한 문제를 해결하기 위해 2007년 리스본조약 체결로 2014년 이후에는 표결 가중치를 폐지하고 모든 회원국이 1국 1표를 갖고 가결을 위해서는 55%의 가결표(15개국 이상의 찬성)와 가결표를 행사한 국가의 인구 합계가 유럽연합 총인구대비 65%를 넘어야 한다는 보다 간결한 시스템으로 전환될 예정이다.

　가중다수결 표결을 보면 유럽통합의 성격을 이해 할 수 있다. 현실적으로 28개 회원국은 인구규모와 GDP 및 정치적 영향력에서 현격한 차이를 갖는다. 따라서 통합이라는 대의를 위해 초국가 기구인 유럽위원회의 위원선출은 국가간 차별 없이 1국 1인 원칙에 따라 이루어진다. 그러나 이사회는 철저하게 국가간 능력의 격차를 인정한 협상논리가 적용되는 기구이다. 다만, 회원국간 격차가 현저하므로 상대적으로 소국들에게 인구수 보다 과도한 표결을 주어 이들 국가의 의사를 간과하지 않는다는 목적을 담았다. 그럼에도 강대국의 리더십과 능력을 인정하여 표결수에 차등을 둘 필요가 있다. 유럽연합에서 강대국은 통상 독일, 프랑스, 영국 및 이탈리아를 말한다. 문제는 강대국 중에서도 독일이 인구수와 GDP 규모 등이 여타 3개국에 비해 크기 때문에 여기에서도 표결수에 차등을 두면 독일의 독주가 이루어질 수밖에 없다. 따라서 유럽연합은 통합 초기부터 강대국 간 힘의 균형을 위하여 독일과 기타 대국간 표결수를 항상 일치시켰다. 물론 이러한 구조는 독일의 정치적 용인에 따른 것이다.

  이중다수결은 기존에 오랫동안 유지되어 왔던 표결에 가중치를 폐지하고 1국 1표 원칙에 따라 회원국 전체 가결수가 55%를 넘기고 가결표를 던진 국가의 인구가 유럽연합 총 인구대비 65%로 상향 조정한 시스템이다. 기존방식은 회원국의 지속적 가입으로 매번 각 회원국의 가중치 조정 등의 번거로움이 있었다. 그러나 이중다수결에서는 모든 회원국이 한 표씩 행사하여 55%의 표결수만 충족하면 된다. 다만 그 인구가 65%가 되어야 한다는 조건이 붙는다. 여기서 기존에 62%에서 65%로 가결표를 던진 회원국 인구규모를 조정한 것은 큰 의미가 있다. 이는 2000년대 이후 소국의 대거 가입에 따른 기존 대국들의 불이익을 일정부분 상쇄한 조치이다. 유럽연합 내에서 4대 대국인 독일, 영국, 프랑스 및 이탈리아의 인구를 모두 합치면 약 2억 7천만 명으로 전체 유럽연합 회원국 인구의 약 54% 점한다. 이러한 현실에서 가결 표결 인구 65%라는 조건에서는 소국들간 전략적 연합을 무의미하게 만들 수 있다. 향후 회원국 가입이 예상되는 발칸국가 및 아이슬란드는 인구규모가 작은 국가들이다. 물론 7,000만이 넘는 인구를 가진 터키가 존재하지만 현재로서는 가시적인 시일 내에 유럽연합 가입이 불투명하다는 점에서 결과적으로 가중다수결 표결치의 조정은 다시 1950년대와 같이 주요 회원국의 리더십을 배경으로 한 통합으로의 회귀라고도 할 수 있다.

3. 보조금 지급과 비관세장벽 증가와의 상관관계

1970년대와 1980년대는 기술적 장벽과 수량제한 등의 수단을 동원한 비관세장벽이 공동체의 안과 밖에서 증가했다.

특히 섬유, 의류, 철강, 자동차, 가전제품들이 수량제한을 주도했다. 이 시기 취해진 이러한 조치들은 1990년대까지 지속적으로 적용되었고, 특히 기술적 장벽은 이름만 달리하여 그 수가 증가하였다. 주로 한국을 비롯한 일본과 동유럽 국가들이 가장 많은 타격을 입은 무역상대국이었다.[69] 한국을 예로 들면 유럽의 제품 기준인 CE(Conformity to European)마크 제도는 대 유럽연합 수출에 가장 걸림돌이 되고 있다. 유럽 내 총 유통품목의 20%, 한국의 대유럽연합 수출의 35%가 CE마크 대상품목으로 전자제품의 경우 CE마크 취득에 평균 2~3개월이 소요되며, 자동차의 경우 7개월의 시간과 1억 7천만 원의 비용이 수반된다. 또한 최근 유럽연합은 자동차 안전기준 강화 및 전자제품에 대한 CE마크 의무화를 추가로 실시하였고 건설자재, 압력용기, 통신단말기, 기계류, 기계장비 등 20개 제품군에 대하여 CE마크 부착을 의무화하고 있다. 이와 아울러 유럽연합의 환경마크 제도인 Eco-Label의 부착의무화로 인한 어려움도 가중되고 있다. Eco-Label은 식품·의료 및 의약품을 제외한 모든 품목에 적용될 수 있는바, 그간 복사용지, 주방용지 등 한국의 비주종 수출품목에 국한되었으나, 현재는 세탁기, 식기세척기, 냉장고, 개인용 컴퓨터 등 제품군에 Eco-Label 부착 기준이 설정되었다.

사실상 집행위원회는 무역상대국들에게 실질적인 타격을 안겨준 비관세장벽을 제한할 능력이 없었다. 보호주의를 주장하는 회원국 관료들의 목표는 분명했다. 예를 들면 국가별 세관 통과절차의 지연, 운송비용의 증가 등을 매개로 수입품에 대한 세관 통과비용을 증가시켰다. 이에 집행위원회는 우선적으로 프랑스 정부에게 비관세장벽 철폐를 요구했다. 그러나 중요한 것은 프랑스가 채택한 보호수단에 대한 집행위원회의 비난은 프랑스 정부의 보호주의정책 그 자체에 있는 것이 아니라 유럽연합과 역외국들로부터의 수입품을 구별하지 않은 프랑스 정부가 유럽공동체법률을 위반했다는 사실에 있었다.70)

프랑스 정부의 공동체법률위반에 대한 판결은 유럽 상품들의 자유로운 순환을 보장하는 또 다른 비관세장벽수단으로의 대체를 가져왔다.71) 필립스(Philips)와 구룬딕(Grundig)는 일본상품이 덤핑가격으로 역내시장에서 팔리고 있는 것에 대해 불만을 제기하였고 당시 집행위원장이었던 다비뇽(Davignon)은 일본이 자발적으로 수입품을 제한하고 최소가격을 확정하는 협상을 시작했다. 결국 일본의 자동차 수출은 협상결과로 인해 의무적 쿼터에 의해 상당한 영향을 받게 되었다.72) 자율수출규제조치(VER: Voluntary Export Restraints)는 다른 무역상대국들에게도 압력으로 다가왔다.

회원국들과 역외국들 간의 쌍무적 협정으로 체결된 자율수출규제조치는 공동체의 자유주의적 신념이 실험대에 오른 것이었다. 이는 유럽연합의 결속을 방해하는 행위였다. 이에 다비뇽은 집행위원회의 지위를 훼손하는 회원국의 개별 무역정책에 대해 엄중한 경고를 했다. 결국 1982년에 이르러서야 집행위원회는 모든 수입제한 품목을 통합할 수 있었고 집행위원회의 지위를 강화하는 조치가 소개되었다. 첫 번째는 1984년의 신통상정책수단(NCPI: New Commercial Policy Instrument)이었다. 이는 불법적 통상행위로 인한 공동체의 기반이 흔들릴 수 있다고 판단될 시 집행위원회가 단독으로 취할 수 있는 권한이었다. 두 번째는 1994년 덤핑과 보조금지급 문제를 보다 효과적으로 다룰 수 있도록 만든 무역장벽규정(TBR: Trade Barriers Regulation)의 개정이었다.73)

1989년까지 프랑스와 스페인은 역외국들로부터의 전자제품 직접수입을 제한하기 위해서 "유럽연합 회원국들은 통상정책수단의 집행이 왜곡된 무역에 의해서 방해받을 시 혹은 그와 같은 조치가 하나 또는 그 이상의 회원국들의 경제적 어려움을 야기할 때에는 국내장벽을 설치할 수 있다."라고 규정한 제115조를 적용했다. 동시에 제115조를 확대 적용하여 총 19개의 조치들을 채택하였다. 이러한 수입제한 조치들은 1993년 단일시장완성을 계기로 폐기되었다.

　국가 간 협력을 어렵게 만든 결정적인 요인은 정부 관료들이 주요 국내산업부문에 대해서는 보호주의 정책을 적극 지지하고, 경쟁력을 갖춘 상품에 대해서는 자유화를 요구한 것이 원인이었다. 더욱이 전략적 무역정책수단의 작동이 거시경제 상황을 악화시켰고 보조금 지급의 증대를 가져왔다. 즉, 자원의 비효율적 분배가 심화되었다.74)

　유럽연합의 역사를 돌이켜보면 집행위원회는 국가보조금 규제정책에 있어서 매우 유연한 접근방식을 택해 왔다. 석탄 및 철강공동체 창설 초기에도 석탄산업에 대한 각국의 보조금 지급이 광범위하게 행해지고 있었으나, 집행위원회는 보조금에 관한 경쟁규범을 적극적으로 적용하지 못하였다. 이러한 전통은 유럽경제공동체 창설 이후에도 그대로 유지되었는데, 그 이유는 1970년대와 1980년대 초에 이르기까지 국가보조금은 각국이 경제불황기에 산업구조조정을 위해 활용할 수 있는 중요한 정책수단으로 간주되었기 때문이다.

　1980년대에 이르러 유럽단일시장 형성에 필요성에 대한 인식이 제고됨에 따라 단일시장을 저해하는 또 하나의 요인으로서 국가보조금을 통제할 필요성이 새롭게 인식되었다. 그 결과 회원국들에 의한 보조금 지급은 전반적으로 감소하는 추세를 보이게 되었다. 그렇지만 보조금 지급 수준에 있어서는 여전히 회원국들 간에 편차를 보였는데, 특히 상대적으로 부유한 회원국들의 경우에 있어서도 방만한 보조금 지급이 행해지는 경향이 그대로 유지되었다.

유럽공동체조약 제87조 1항은 분명하게 경쟁을 왜곡하거나 국가보조금에 대한 강력한 통제를 규정하고 있다. 동 규정은 예외의 설정에 의해 보조금 지급을 가능하게 하는 일련의 다른 규정들에 의해 완화되기는 하지만, 원칙적으로 집행위원회의 승인이 없이는 회원국 정부가 자국기업들에게 보조금을 지급할 수 없다고 선언하고 있다. 그러나 제87조 2항과 3항에서는 각각의 보조금이 공동시장과 양립하는 경우와 양립한다고 간주될 수 있는 경우로 나누어 아래와 같이 보조금 지급을 허용하고 있다.

- 제2항
  - 상품의 원산지에 따른 다른 차별 없이 개인 소비자들에게 지급되는 사회적 성격의 보조금(social character)의 보조금
  - 자연재해나 예외적인 상황으로 인해 발생한 피해를 보상하기 위해 지급되는 보조금
  - 구동독지역에 지급되는 보조금으로 독일의 분단에 의해 발생한 문제점을 해결하기 위해 필요하다고 인정되는 경우

- 제3항
  - 생활수준이 비정상적으로 낮거나 심각한 실업상태에 처한 지역의 경제발전 촉진시키기 위해 지급되는 보조금
  - 유럽연합의 공동이익을 가져오는 중요한 프로젝트의 시행을 촉진하기 위해 지급되는 보조금

- 특정 회원국 경제에 있어 심각한 교란(disturbance)을 교정하기 위해 지급되는 보조금
- 일정한 경제행위 또는 경제지역의 발전을 원활히 하기 위해 지급되는 보조금으로, 이러한 보조금 지급이 공동체의 이익에 부정적 영향을 미치지 않는 경우
- 문화 또는 전통을 보존하기 위해 지급되는 보조금으로서, 이러한 보조금 지급이 공동의 이익에 반하는 방향으로 교역조건과 경쟁에 영향을 미치지 않는 경우
- 집행위원회의 제안에 따라 이사회가 가중과반수에 의해 결정하는 특정한 유형의 보조금

상기 원칙에 따라 집행위원회는 사전 승인 없이 집행이 가능한 보조금 분야를 정하는 일괄예외(block exemption) 제도를 정하고 있는데, 지역보조금과 소위 수평적 보조금(horizontal aid) 및 특정분야에 대한 보조금(sectoral aid)[75] 등이 여기에 속한다.

국가보조금 통제에 관한 규정은 주로 집행위원회의 공고(notice) 내지는 안내지침(guideline)에 의해 발전해 왔는데, 이사회가 1998년 5월 채택한 이사회 규정 No.994 / 1998에 의해 일정한 보조금 유형에 대해 일괄 예외를 부여할 수 있는 권한이 집행위원회에 부여되었다. 이사회는 1998년 11월 집행위원회의 국가보조금 모니터링 관련 절차를 단순화하고, 집행위원회의 권한을 강화하는 이사회 규정 No.659 / 1999를 채택하였다. 이로서 회원국 정부들에게 동 제도에 관한 법적 확실성을 부여하는 한편, 집행위원회에게는 국가기관 사무실을 조사할 수 있도록 하는 등 새로운 권한을 부여하였다.

말하자면 보조금을 지급하는 주체인 정부가 스스로 자신의 중요한 산업정책수단의 하나인 보조금을 통제하지 하지는 않을 것이기 때문에, 유럽연합 차원에서 회원국들의 보조금 지급을 금지시켜야 할 필요성이 발생한 것이다. 그럼에도 불구하고, 회원국 정부는 보조금 지급을 하는 주체이기도 하면서 이사회의 멤버로서 유럽연합이라는 공동체의 주요정책을 결정하는 기능도 행하고 있기 때문에, 자신의 발목을 잡을 수도 있는 국가보조금 규제정책의 발전을 견제하는 역할을 하기도 하였다.

유럽연합의 보조금 규제정책은 1980년대에 태동하였지만, 국가보조금 규제로 인한 회원국과 집행위원회가 갈등을 노출하는 경우가 많은데다, 산업정책의 필요성 등에 관해 집행위원회 각 총국 간 이견이 존재하고, 집행위원들 간의 출신국에 따라 일정 사건에 대해 견해 차이를 노정하는 등 집행위원회 내부 갈등들이 상당부분 존재함에 따라, 아직까지 국가보조금 정책에 있어서 집행위원회의 권한은 다른 정책분야에 비해 상대적으로 제한되어 있으며 동 분야에 있어서 무게 중심은 여전히 회원국 정부에 쏠려 있다.

집행위원회가 실제 국가보조금을 공식적으로 최종 결정의 형태로 회원국 정부의 보조금을 문제 삼은 경우는 거의 없다. 특히, 항공, 석탄, 은행업 등 대규모 국가보조금 지급사례에서 집행위원회는 회원국 정부와 약화된 합의 및 강도가 낮은 부대조건을 부과하면서 보조금 계획을 승인하는 형태로 합의하는 경우가 대부분이었다.

4. 공동통상정책 결정과 공유권한: 갈등의 원인

우루과이라운드에서도 서비스, 지적재산권, 투자문제를 둘러싸고 집행위원회와 회원국 간 관할권 논란이 발생하였으나 도쿄라운드에서와 같은 방식, 즉, 관할권 법규해석에는 영향을 미치지 않은 채 집행위원회가 대표로 교섭하되 서명에는 회원국도 동등한 자격으로 참가하는 방식으로 해결되었다. 집행위원회가 다자간무역협상에 유럽연합을 대표하여 교섭하게 됨으로써 자연히 집행위원회는 다양한 통상문제를 사실상 자신의 담당영역으로 두게 되었고 국제교섭 행위자가 단독 교섭하는 것이 관례화되었다. 회원국과 집행위원회가 공동 관장해야 한다거나 전적으로 회원국의 관장사항(national competence)이라는 논란이 있는 분야에 대해서는 회원국이 협상지침을 하달하고 집행위원회가 협상 진전동향을 통보하는 등 우루과이라운드 교섭기간 중에는 큰 긴장관계가 조성되지는 않았다.

다만 서비스와 지적재산권과 같은 새로운 무역현안들의 대두는 협상권한의 공유 문제, 즉, 협상결과에 서명할 행위자가 누구인가를 놓고 회원국들과 집행위원회 간의 갈등을 불러일으켰다.76) "133조 위원회(리스본조약으로 무역정책위원회(the Trade Policy Committee)로 변경됨) 133조 위원회가 관여하지 않는 새로운 무역현안들은 복합적 권한의 원칙에 따른다." 즉, 복합적이고 분산된 권한이란 공동체와 회원국들 간의 공동책임을 의미한다. 복합적 권한 하에서 협의된 약정들과 아닌 것의 차이는 복합적 권한이 반드시 이사회의 만장일치로만 비준이 가능한 반면, 분산된 권한은 회원국들의 비준과정을 거쳐야 한다는 것이다. 게다가 회원국 혹은 이사회 의장이 집행위원회와 함께 협상에 참여한다는 것이다. 결국 유럽재판소는 권한 문제 관련 판결 요청을 받게 되었다(Opinion 1/94).77)

이 의견은 공동통상정책의 범위에 있어 집행위원회에 우호적으로 판시하여 준 이전 해석과는 달리 집행위원회의 권한을 제한하는 것이었다. 서비스 교역은 대부분 소비자나 기업이 다른 국가에서 이용하거나 외국회사가 다른 국가에 자회사나 지사를 설립하여 공급하는 형태로 이루어지는 것이 대부분이기 때문에 집행위원회의 권한을 상품교역과 국경 간 공급되는 서비스나 노동력의 이동을 수반하는 서비스 교역으로 제한한 것은 전체 서비스 교역에서의 집행위원회의 권한 위축을 초래하게 되었다.

더욱이 서비스 산업의 발달로 인해 서비스 교역과 상품 교역은 과거와는 달리 확실히 구분되지 않는 경우가 생기게 되었으므로 상품 교역이 불가피하게 서비스 교역을 수반하는 경우에 있어서는 종전 집행위원회의 전적인 소관이었던 것도 누구의 소관인지 불분명하게 될 경우가 발생하게 되었다. 서비스 교역에 대한 광범위한 교섭권한이 없으면 집행위원회의 상품교역 교섭권한도 위축되게 될 개연성이 높아졌으며 집행위원회의 교섭력의 전반적이 약화를 초래할 수도 있게 되었다.

이러한 사정을 감안하여 집행위원회와 이사회는 1995년 서비스 협상에 관한 행동준칙(code of conduct)에 합의하게 되었다. 이 준칙에 의거하여 집행위원회는 서비스가 누구의 소관사항인지에 대한 법적인 권한에 영향을 미치지 않는 조건으로 우선 유럽연합 회원국을 대표하여 교섭하되 교섭장에는 회원국도 참관인 자격으로 참가하기로 하였다. 비공식 회합 등 회원국이 참석하기 어려운 모임에는 집행위원회만 참석하여 교섭하되 회의 결과를 회원국에게 상세히 보고하기로 되었다.

우루과이라운드에서는 몇몇의 예외적 분야(농업, 섬유, 시청각상품)를 제외하고는 새로운 교역 분야인 서비스 분야에서 보다 강력한 자유화가 추진되었고, 상품과 자본의 유동을 위한 선결조건으로서 지적재산권의 기준이 마련되었다. 1990년 브뤼셀 회의에서는 유럽연합의 농업 분야에 대한 입장차이로 인해서 협상이 거의 무산될 뻔한 위기를 겪기도 했다.[78] 집행위원회는 협상실패에 따른 공동체 전체의 위기 및 역외국들로부터의 비난에 책임지기 위해서 그들에게 주어진 권한을 확대 적용할 수밖에 없었다. 따라서 농업협상의 타결은 집행위원회의 한도를 넘어선 권한 사용 이후에나 가능했다. 특히 농업협상 타결은 프랑스 국내 선거에 결정적 영향을 미쳤으며 우루과이라운드는 마침내 타결되었다.

1990년대 유럽연합의 무역정책은 마스트리트조약 체결에도 불구하고 조약에 의한 영향력은 미미했다. 왜냐하면 최우선의 이익이 확보되는 분야에서 집행위원회의 권한 통제에 대한 필요는 회원국들에 의해 더욱 절실해졌기 때문이었다. 그 결과 암스테르담조약 이후 니스조약에서의 공동통상정책실행과 관련한 제133조의 개정결과에도 불구하고 유럽연합의 확대와 WTO와 같은 다자간 무역협상의 도전에 비추어보아도 제133조의 수정은 기대에 못 미치는 것이었고, 유럽연합을 대표하는 협상자로서의 집행위원회의 지위가 충분히 제고되지 않았다고 볼 수 있다.

유럽법원의 결정은 유럽연합의 정책결정과정에도 영향을 미쳤다. 즉, 법원의 판결대로 서비스 회원국과 집행위원회의 공동권한이라면 서비스 교역에 관한 협정은 이사회에서 만장일치로 채택하여야 했다. 기타 집행위원회의 소관 통상문제가 가중다수결로 표결되는 것과 달리 서비스와 관련된 협정은 만장일치로 채택되어야만 한다면 협정 내용에 불만이 있는 국가는 언제든지 전체 협정채택을 방해할 수도 있을 것이며, 이것은 유럽연합의 전체적인 교섭력과 협상과정에 필수적인 재량권의 약화를 초래할 것이 분명했다. 또한 다자간 협상 개시 전 협상 참여국은 통상협상 기간 중 새로운 무역장벽을 도입하지 않겠다는 확고한 서약을 하게 마련이다.

다자간 통상협상은 협상 개시 전 존재하고 있는 통상장벽을 낮추어 보다 자유로운 무역환경을 구축하는 것을 목적으로 하는 것인데 협상 전 신규장벽 불도입 서약이 없다면 어느 국가나 다자간 협상 기간 중에 새로운 무역장벽을 설치하여 놓고 이를 다자간 협상의 대상으로 함으로써 사실상 다자간 협상 개시 전의 보호수준을 유지하거나 오히려 강화할 수 있을 것이다. 서비스 및 투자가 법원의 판결대로 회원국과 집행위원회의 공동권한이라면 다자간 협상 개시에 필요한 서약도 만장일치 결의를 필요로 하고 서비스 시장수호를 원하는 국가는 손쉽게 서약을 봉쇄할 수 있게 된 것이다.

제4장

집행위원회 견제장치 무역정책위원회(구133조 위원회)

제1절 | 신뢰성과 효율성 논쟁

　유럽통합의 내부 의사결정과정은 '신뢰성'과 '효율성' 간의 균형으로 특징지을 수 있다. 통합의 비약적 발전을 가져온 로마조약을 개정한 마스트리히트조약으로 새롭게 초국적 권한을 획득한 공동체 권한은 기대와는 달리 회원국들에 의해 지속적인 제한을 받아왔다. 즉, 시계추(pendulum) 논리로 설명할 수 있는 통합과정은 공동체에 의한 의사결정과정과 정부간 협상에 의한 의사결정 사이를 오락가락했다.79) 니스조약 체결의 마지막 순간까지도 회원국들은 유럽연합의 제도(각료이사회, 집행위원회, 유럽의회, 유럽재판소, 회계감사원 등)를 비롯해서 공동체, 중앙정부, 지역이라는 공동체의 다양한 차원에서의 권한 배분 문제를 어떻게 처리할 것인가에 대한 의견 일치를 보지 못했다. 이는 주로 회원국들의 공동체로의 국가주권 이양에 따른 공동체 제도의 상대적 권한 강화에 대한 우려와 관련이 있다.

1. 단일시장의 규칙제정: 새로운 규제형태의 등장

　'신뢰성 논쟁'은 정부간 협상과정의 투명성 부족이라는 문제와 연계되어 회원국들에 의해 제기되었다. 회원국들은 이 논쟁을 시계추가 초국가주의로 향할 때마다 공동체 제도들을 통제하려는 회원국들의 시도를 합법화하기 위한 수단으로 이용하였다. 더욱이 이 논쟁은 유럽연합의 민주주의적 제도의 적법성 여부 논란에 기초를 두고 있다. 이 논쟁의 또 다른 측면은 초국적 국가 창설로 인한 국가주권의 상실에 대한 우려 때문이었다.80)

'효율성'에 관한 논쟁은 주로 집행위원회가 주도했다. 이는 신뢰성 논란에 비해 부차적인 문제였다. 현재까지도 민주적 통제절차의 부족과 효율성에 대한 불만족은 통합정책을 지지하는 대중의 지원을 받지 못할 수도 있다는 위험인자를 잉태하고 있다. 효율성 제고 방식은 행위자의 이념에 따라 관점을 달리하며, 신뢰성과 효율성 관련 논의는 다양한 정책영역에서 발견할 수 있다.81) 제도라는 의사결정 통로는 시계추가 과도하게 한쪽으로 치우치는 것을 막아주었고, 제도적 규칙과 절차를 운영하는 기준이 조약의 성공적 개정을 가능하게 만들었다고 볼 수 있다.82)

대다수의 행위자들은 그들의 이익에 긍정적인 영향을 주는 제도를 채택한다. 따라서 의사결정과정 분석은 신기능주의자들이 주장하는 '확산효과'만을 가지고는 설명이 불가능하다. 예를 들면 유럽연합의 첫 번째 지주를 차지하고 있는 공동체적 의사결정이 가능한 영역은 더 이상 새로운 정책영역으로의 확대가 불가능하다. 왜냐하면 첫째, 유럽통합과정 그 자체가 새로운 저항에 부딪히게 될 것이고 둘째, 유럽연합이 추진하는 통화와 이민정책과 같이 정치적으로 민감한 분야는 회원국들의 압력에 의해 회원국 전체에 의한 수렴이 불가능하기 때문이다.83)

1980년대 단일유럽의정서의 제정은 단일시장의 규칙과 관련해서 새로운 규제형태가 발생하는 계기가 되었으며, 이로 인해 정책의 형태가 다양화되었다. 즉, 역내무역장벽의 제거와 함께 새로운 경쟁정책이 등장하게 되었다. 이와 같은 정책결정의 기능주의적 형태는 유럽법의 강화, 기술협력 강화, 의회 개입의 부재가 결정적인 영향을 미쳤다. 다른 분야, 예를 들면 환경정책, 사회정책, 지역정책 등에서는 다층적 통치체제(multi-level governance system)[84]가 등장했다. 이와 같은 현상은 유럽연합 및 회원국 정부차원에서의 빈번한 직접 접촉을 통해서 발전하게 되었다. 이는 다시 유럽연합의 지역주의를 강화시켰으며 더 나아가 지역통합 프로젝트의 합법화를 가능케 했다.

여기서 말하는 통치체제란 다양한 행위자들 간의 이해갈등과 충돌을 제어하고 관리하는 권위의 행사를 의미하는 것으로, 최근에는 권위가 정부나 국가로부터 분리되고 다양한 행위자에게 흩어져 나가는 것을 지칭하는 개념으로 사용하고 있다. 따라서 정부 없는 통치, 즉, 거버넌스가 이루어질 수도 있는 것인데, 이러한 권위의 분산으로 인해 동등한 거버넌스 간의 경쟁과 갈등을 중재하고 해소할 상위 거버넌스가 부재한 상황으로 귀결될 수도 있다.

2. 수평적 거버넌스의 등장

국가에 의한 권위의 독점에서 권위의 민주화와 평등화가 아우러지는 상황, 다시 말해 수평적 거버넌스 구조의 등장은 규범적으로 긍정적인 현상이기도 하지만, 분산되고 동등한 많은 거버넌스의 등장은 역으로 거버넌스의 효율성을 크게 훼손할 가능성도 있다. 권위의 효율적 행사는 수직적 권위구조도 요구하기 때문이다. 따라서 유럽연합의 다층적 거버넌스 구조를 수평적 거버넌스 등장으로 이해하는 것은 문제가 있다. 보충성 원칙이 하위 거버넌스 권위행사의 우선성을 제시한 배경은 유럽연합 내의 민주주의 결핍문제를 해결하기 위한 일종의 처방책이지만, 이것이 수평적 거버넌스 구조의 등장으로 귀결된다고는 볼 수 없다. 이러한 의미에서 현재 유럽연합에서는 수직적 거버넌스의 주도권을 놓고 유럽연합의 초국가 기구와 국민국가가 경쟁하고 있다고 볼 수 있는 것이다. 그러므로 통합의 진전이 개별국가의 능력을 약화시키는 것으로 보기는 어렵다.

한편, 다층적 통치하에서 각 지방정부나 기업 같은 행위자의 중요성을 무시할 수 없고, 더욱이 이들은 유럽연합 집행부나 각국의 중앙정부를 상대로 활발한 로비활동 등 과거와 달리 정책결정의 과정에서 상당한 정도의 영향력을 행사하고 있다고 봐야 한다. 이미 유럽연합은 조약 제146조(TEU Article 146)에 지방정부 장관이 지역대표로서 각료이사회에 참여할 수 있다는 항목과 "공동체 시민 간 결속을 지속하며, 보충성 원칙에 의해 모든 초국적 결정은 시민들에게 보다 밀접하게 적용된다."라는 명시된 항목을 근거로 공동체와 국가 내 하부정치단위체 간 연계를 가능하게 하는 제도적 구조를 마련하였다. 이에 따라 정부간 조정은 국가와 국가 내 하위정치단위체를 포함한 보다 세분화된 정치단위체 간 상호작용이 가능하게 되었다.85) 그러나 이것을 각국 중앙정부의 권위에 도전하는 것으로 이해해서는 안 된다. 이러한 변화의 움직임이 기존의 권위구조를 대체한다기보다는 유럽연합이라는 정치체제의 전반적인 통치능력(governing capacity)을 높이는 것으로 이해해야만 한다. 그리고 그 과정에서 국민국가는 그러한 변화에 적응하며 자신의 영향력을 확대 혹은 유지시켜나가고 있는 것이다.86)

앞서 설명한 초국적 의사결정 방식과 정부간 의사결정형태는 다양한 영역에 적용되었고 이는 1990년대 초반까지 지속되었다. 즉, 회원국들과 각료이사회가 의사결정의 대부분의 방향 설정을 지배했다. 공동체 내의 제도들은 대부분 배제되었거나 혹은 의사결정과정에 있어서 극히 미미한 영향력만을 행사했다. 이와 같은 사례는 유럽연합의 두 번째 지주인 공동외교안보정책과 세 번째 지주인 내무사법협력 분야에서 발견할 수 있다. 서유럽동맹과 북대서양조약기구와의 안보협력, 유럽통화동맹 등에서 유럽의회와 유럽법원의 역할은 단지 회원국을 보조하는 역할에만 그쳤다. 즉, 국가 간 협력의 형태가 발전하게 되었고 회원국들은 정책목표를 직접 수립하는 방식으로 유럽연합의 제도를 봉쇄하였다. 특히 집행위원회에게는 벤치마크 접근방식에 따라서 회원국들의 수준 및 지위향상을 평가하도록 요구했다. 즉, 집행위원회의 역할은 회원국 정책을 평가하고 특정 분야에서의 회원국들의 정책수행능력에 대한 순위를 매기는 것에 그쳤다.[87]

한편, 대외무역정책과 관련해서는 정부간 정책결정과 공동체 기구에 의한 의사결정이 시차를 달리하며 반복되는 양상을 목격할 수 있다. 공동통상정책은 유럽연합 내부의 초국적 의사결정기구와 정부간 정책결정형태 간의 경쟁이 유럽연합 밖으로까지 확대되어 나아가는 것을 추적 가능하게 해 준다. 로마조약은 공동통상정책을 관세동맹의 틀 안에서 단일시장을 완성하는 데 필요한 가장 중요한 정책이 될 것임을 예상했다. 따라서 이는 국가 간 접근이 아닌 공동체적 접근이 우선시되는 첫 번째 단계였다. 더욱이 앞서 설명하였듯이 GATT는 집행위원회의 지위에 결정적인 영향을 끼쳤다. 즉, 집행위원회가 비관세장벽, 서비스, 투자와 같은 새로운 정책 이슈들을 다루게 됨에 따라 공동통상정책의 영역확대가 가능하였고, 공동시장의 질적, 양적 확대는 집행위원회가 표준을 정하고 절차를 규제하는 것을 포함하여 그 역할은 더욱 확대되었다.

세계무역외교의 주요 행위자로서의 집행위원회의 역할증대는 유럽연합의 주도국들의 독점적 이익 추구로 인한 집행위원회의 지위하락 방지를 위한 나머지 회원국들의 노력으로 가능했다. 한편, 회원국들은 회원국 고유의 감시기능을 적절히 이용함으로써 대외무역 이슈에 그들의 영향력을 행사하였다. 이와 같은 회원국들의 노력은 니스조약에 의해 명문화되었다.88) 회원국들의 무역담당 공무원들로 구성된 113조 위원회(암스테르담조약 체결로 133조 위원회가 됨)는 국제협상에서의 집행위원회의 제 역할을 일정 수준으로 국한시켰다. 우루과이라운드에 따른 WTO기구 내 분쟁해결기구의 설치는 유럽연합 회원국들로 하여금 집행위원회에 보다 폭넓은 협상 권한을 부여하는 데 비관적으로 작용했다.89)

회원국들은 국내외 투자를 비롯한 서비스, 지적재산권 등 새로운 통상 분야에 그들의 권한을 유지시키고자 조심스러운 접근을 했다. 특히 서비스 분야의 교역이 국제무역에서 빠른 성장을 함에 따라 이 분야의 협상이 가장 두드러진 이슈가 되었다. 니스조약이 체결될 때까지 서비스 분야의 교역 시 발생하는 문제는 회원국과 유럽연합 간의 '공유 권한'(shared competence)으로 합의점을 도출했었다.90) 이는 때때로 유럽연합을 대신해서 협상에 임하는 주체가 누구인지에 대한 불확실성을 야기하였다. 마침내 니스조약은 지적소유권과 투자와 같은 분야에서의 공동체와 회원국들 간의 공유 권한을 집행위원회의 '배타적 권한'으로 인정했다. 그러나 회원국들은 이에 반발하여 공유 권한의 불분명한 구조를 그대로 유지하고자 했다. 아래 〈표 1〉은 유럽적 통치와 회원국 차원의 전통적인 통치의 특징을 구분한 것이다.

▶ 표 1: 국내정부 vs 유럽적 통치

	회원국 정부	유럽적 통치
권력의 원천	공식화된 제도 및 합법적 권위	공식·비공식적 제도 및 법, 다양한 권한을 지닌 행위자
권력의 범위	주권으로 분할된 영토적 경계	이슈영역으로 분할된 통치 및 정책레짐

	회원국 정부	유럽적 통치
(정체)구조	엘리트 중심의 관료사회	정책 네트워크, 기능적으로 분화된 초국가 기구(엘리트 중심)
정책결정	다수결원칙 (수직적 합의)	다행위자 시스템(상대적 수평적 합의)
적법성	직접선거를 통한 적법성 유지	직접선거, 기능 위임을 통한 간접적 적법성
행위자	국내관료, 정치엘리트	사적 행위자, 회원국가 및 초국가 관료

　무역외교 분야는 과거 20년 동안 다양한 이슈와 함께 성장했다. 한편, 새로운 통상이슈에 따른 협상권한을 문제를 둘러싼 공동체와 회원국들 간의 갈등도 상대적으로 심화되었다. '무역협상 주도권'(trade authority)을 둘러싼 경쟁은 집행위원회로 하여금 방어적 태도를 유지하도록 만들었다. 반면, 각료이사회는 133조 위원회의 감시기능을 통해 의사결정과정을 조종할 수 있는 위치를 회복하려 했다. 그 결과 쌍무적, 다자간 협상에서의 권한의 위임은 마침내 무역협상의 결과를 승인하는 특권을 보유하게 하였으며, 역외국들과의 무역협상 비준파기라는 위협은 집행위원회의 협상여지를 크게 축소시켰다.

　한편, 단일유럽의정서 이후, 유럽의회와 유럽법원의 제 역할이 증대되었다. 그러나 어디까지를 역할의 범위로 정할 것인가를 둘러싼 갈등이 심화되었다. 새로운 무역 이슈를 논의함에 있어서 집행위원회의 유일권한을 인정하는 것에 반대하는 유럽법원의 결정은 집행위원회에게는 심각한 타격이었다(Opinion 1/94). 따라서 새로운 무역 이슈들과 관련된 협상을 주도함에 있어 합법성을 확대시키려는 집행위원회의 노력은 순간적으로 중단되었다.91) 한편, 유럽의회는 부분적으로 대외교역에서의 자신의 영향력을 확보하기 위한 의지를 점차적으로 표명했다. 과거 유럽의회는 집행위원회에 대하여 부정적인 결과를 야기하지 않으면서 그들의 영향력을 확대시킬 수가 있었다. 그러나 관료정치모델을 통해 바라본 현재의 제도 간 갈등은 무역협상 주도권 확보를 위한 제도적 경쟁이 아닌 영합게임(zero-sum game)의 양상을 띠게 되었다.92)

제2절 | 유럽연합 통상정책의 법적근거

공동체 조약은 유럽석탄 및 철강공동체조약(ECSC: 파리조약), 유럽경제공동체조약(EEC: 로마조약) 및 유럽원자력공동체조약(Euratom)으로 구성되어 있는데 이들이 일반적으로 유럽연합법의 일차법원에 해당된다. 공동통상정책의 주요 규정을 포함하고 있는 로마조약 제110조(현재 제131조)는 공동통상정책의 설립의 목적이 국제교역을 함에 있어서 회원국들의 지위를 향상시킬 뿐만 아니라, 전반적으로 세계무역의 자유화를 도모하는 것이라고 할 수 있다. 따라서 유럽연합의 공동통상정책은 자유무역에 그 기반을 두고 있음을 알 수 있다.

1. 공동산업보호를 위한 단일 원칙 마련

공동통상정책의 가장 중요한 법적 장치인 제113조는 모두 4개의 항으로 구성되어 있었는데 1항에서는 통상정책의 공동집행을 명시했다. 즉, 역외관세율의 결정, 제3국과의 무역협정체결의 경우에는 물론, 무역자유화를 비롯한 수출정책, 또는 반덤핑이나 보조금 상계관세를 부과할 경우에도 공동체적의 입장에서 처리하도록 규정되었다. 특히 반덤핑이나 보조금에 대한 무역방어규정 때문에 제113조가 역내산업보호조항으로 불리었다. 이 조항에 근거하여 덤핑규제조치와 세이프가드 등 회색무역제한조치가 남발하게 되었다. 2항 이하에서는 집행위원회로 하여금 각료이사회나 유럽의회로부터 권한을 위임받아 통상정책을 수행하도록 명시되었다. 특히 집행위원회는 각료이사회에 권고나 제안을 할 수 있는 통상정책의 실질적이고 독립적인 수행기구가 되었다.

더욱이 제113조는 유럽연합의 역외교역문제와 관련한 정책 적용에 있어서 배타적인 권한을 갖고 있었다. 그러나 이 조항은 공동통상정책이 무엇을 의미하는지에 대한 정의가 불명확했다. 대신에 이 조항은 정책 범위를 다음과 같이 규정했다. "공동통상정책은 단일한 원칙을 준수할 것이며, 특히 관세율의 변화와 관련하여 관세결정, 무역협정, 자유화수준의 일관성 유지, 수출정책, 덤핑과 보조금[93] 같은 부당한 행위를 취할 시 무역을 보호하기 위한 수단으로서 단일한 원칙이 마련될 것이다." "과도기간의 종료 후, 공동통상정책은 특히 관세율 변경, 관세 및 통상협정의 채택, 자유화 조치의 통일, 수출정책, 반덤핑 및 상계관세 등 통상방어조치와 관련한 통일된 원칙에 기초한다."고 규정함으로써 공동통상정책에 관한 제한된 목록만 열거하고 있을 뿐 공동체의 대외 권한의 적용받는 사항을 전반적으로 예시하고 있지 않았다.

공동체의 관행상 제113조는 원칙적으로 상품의 교역에만 적용되는 것으로 이해되고 있었다. 그러나 로마조약 제113조는 제3국과의 교역을 보다 널리 특수하게 규율하는 조치이고, 만약 그 주요 목적이 교역량이나 흐름에 영향을 미친다면 동조에 속하는 기타 조치에도 적용되어야 한다는 주장이 대두되었다. 더욱이 우루과이라운드 협상 이후의 급격한 국제통상환경의 변화에 부응하는 동시에 공동체 역내시장을 비롯하여 역외시장,

그리고 제3국과의 경쟁력 강화를 위한 공동통상정책의 개편이 대두되게 되었다. 1993년 11월 1일자로 발효한 마스트리히트조약은 로마조약의 일부조항을 개정 내지 폐지하였으며, '유럽경제공동체(EEC)'는 유럽공동체(EC)로 대체되었다.

로마조약의 규정들 가운데 제111조, 제114조, 제116조는 마스트리히트조약에 의해 폐지되었으며, 제113조, 제115조는 개정되는 등 공동통상정책과 관련한 로마조약상의 제 규정은 대폭 개정되었다. 이 조문에서는 무역굴절(trade deflection),94) 즉, 회원국 간의 무역정책 차이로 인한 어려움이 발생할 때 집행위원회의 조치를 명시했다. 이때 위원회는 각 회원국들로 하여금 필수적인 협조를 하도록 규정하고 있다. 만약 협조가 불가능할 경우에는 해당 당사국은 개별적인 보호조치를 취할 수 있으나, 그 조건이나 내용은 위원회가 결정하도록 되어 있다. 긴급 상황의 경우에는 개별국가가 단독으로 무역제한 조치를 취할 수 있도록 집행위원회에 권한을 요청할 수 있다. 이때에도 관련 회원국에 조치내용을 통보해야 하며, 집행위원회는 언제라도 그 조치에 대한 수정이나 철회를 결정할 수 있도록 하고 있다.

더욱이 로마조약 제113조는 반덤핑법의 주요한 법률적 원칙을 구성했다. 즉, 동조에 의거하여 채택된 제3국에 대한 반덤핑조치는 공동통상정책의 영역 내 가장 강력하고 유효한 통상방어조치의 하나에 해당한다. 실제, 과도기간 이후 유럽연합 역내시장에서의 반덤핑조치는 더 이상 적용되지 않았으므로, 유럽연합은 반덤핑정책을 대외통상정책에 있어 보다 유효하고 통일된 보호수단으로 활용하려고 했다. 즉, 이는 유럽연합이 언제든지 역내기업의 보호라는 명분 아래 보호주의적 색채를 띨 수 있음을 의미하는 것이다.

또한 1999년 5월 1일자로 발효된 암스테르담조약에 의하여 개정된 로마조약은 마스트리히트조약에 의하여 개정되는 과정에서 상당히 혼란스러운 조문 번호의 통일성과 체계성을 확립하였으며, 공동통상정책은 상품의 교역뿐만 아니라 서비스 지적재산권 분야에도 적용됨으로써 그 적용범위가 한결 확대되었다고 할 수 있다. 뿐만 아니라 덤핑이나 보조금에 관한 집단대응을 명시함으로써 '집단적 보호주의(collective protectionism)'의 길을 열어두고 있는 셈이다.

이상 공동체법을 분석해 볼 때, 유럽연합의 통상기조는 유럽연합 회원국들의 공동이익에 기초하고 있다는 것을 알 수 있다. 말하자면 자유무역의 조화로운 발전은 유럽연합 회원국의 경쟁력 제고를 위한 전제로 보고 있는 것이지 세계적인 차원의 자유무역이 반드시 유럽연합의 무역정책의 기조는 아니라고 할 수 있다.

1975년 유럽재판소는 공동통상정책에는 관세를 포함한 모든 무역수단이 포함된다는 결정을 내림으로써 그 범위를 분명히 했다. 그러나 제113조에 규정되어 있는 것과 같이 '단일한 원칙'들의 '범위'를 어디까지로 볼 것인가라는 문제가 제기될 수 있다. 이 문제와 관련해서의 유럽연합의 입장은 다소 모호하다고 할 수 있다. 제3조는 공동통상정책 수립이 유럽의 우선 목표를 달성하기 위한 필수조건이라는 의미에서 공동시장의 일부분임을 적시하고 있다. 이는 공동통상정책이 생산, 서비스, 인적교류, 자본의 자유로운 이동이 확보되는 유럽공동시장의 대외적 측면으로서 전개될 수 있다는 것을 의미한다.

그러나 브르주아(Bourgeois)에 따르면 제113조가 적용되는 부분은 단지 상품과 서비스의 교환으로 국한된다고 주장한다. 이는 위에 언급한 사항들이 교역의 목적으로 간주될 수 없기 때문에 '개인과 자본의 유통'까지는 적용될 수 없다는 것이다.95) 따라서 로마조약은 공동통상정책의 범위를 정확히 규정하고 있다고 볼 수 없으며, 단지 공동관세, 비회원국들과의 공동무역협정, 수출입관련 무역조치들의 공동적용과 같은 광의의 지침들만을 제공하고 있다는 것이다. 결국 앞서의 공동통상정책 범위 관련 논의를 좀 더 구체화하기 위해서는 개별적 무역정책에 적용되는 특별한 규칙을 제시한 이사회 규정을 별도로 조사하는 것이 필요하다.

공동통상정책 입안 및 시행에는 공식적으로는 우선 집행위원회가 가장 핵심적인 역할을 수행하고 각료이사회, 회원국, 133조 위원회, 유럽의회 등이 관계하고 있다. 정상적인 통상정책의 입법과정을 재론하자면 제1단계는 집행위원회가 발의안을 만드는 작업이다. 이 과정에서 회원국의 각계 전문가와 경제사회위원회 그리고 유럽의회의 유관 상임위원회의 의견이 주의 깊게 경청된다. 특히 회원국 대표의 의견은 이후 각료이사회의 최종 결정에 중요한 영향을 미치게 된다. 회원국의 이익집단과 유럽차원의 이익집단들이 개입하는 것도 바로 이 시점에서이다.

집행위원회의 발의안은 각료이사회로 넘겨지고, 이어 각료이사회는 유럽의회의 의견을 구하게 된다. 의견을 청취한 후 집행위원회는 자문결과에 따라 그 발의안을 개정하여 상주대표부로 넘긴다. 상주대표부 내에서 회원국가의 이견이 조정되고 상주대표부는 각료회의에 보고서를 제출한다. 회원국의 대표가 개정한 발의안의 내용은 집행위원회에 의해 수용될 수도 있고 아닐 수도 있다.

이사회는 통상정책에 관해 집행위원회와 긴밀히 협의할 수 있도록 별도의 133조 위원회를 지명하고 전체적인 지침을 하달한다. 집행위원회가 133조 위원회와의 협의를 마친 통상정책안을 이사회에 공식 제출하면 이사회는 이를 심의하여 대외통상협상의 기본지침을 확정하고 협상권한을 집행위원회에 부여하게 된다. 이사회로부터 협상권한을 부여받은 집행위원회는 교섭을 수행하고 최종 교섭결과를 133조 위원회에 보고하고 이사회에 상정하여 최종 승인을 득한 후 협정을 체결한다. 이사회는 반덤핑규정 등 무역구제 관련 규정을 제정하거나 개정할 수 있으며 잠정 최종 조치를 부과하는 권한을 행사하고 있다.

일반적인 무역협상과정의 특징을 살펴보면 첫째, 모든 협상과정 동안 집행위원회는 협상의 조건을 약간 수정할 수 있는 133조 위원회의 도움을 받는다. 둘째, 133조 위원회는 집행위원회로부터의 고위직 협상대표들과 무역협상 전에 미리 만나서 토론의 절차를 갖는다. 셋째, 일반이사회는 협상과정을 관찰하고 필요하다면 주기적 만남을 통해 협상에 대한 재지시를 내린다. 넷째, 우루과이라운드와 같은 중요한 협상에는 회원국의 장관들이 일반적으로 협상에 참가한다.96)

최종적으로 상주대표부의 보고서와 함께 집행위원회의 발의안은 각료이사회로 넘겨진다. 발의안의 심의과정에 집행위원회 위원이 참석할 수도 있다. 만약 상주대표부 내에서, 그리고 상주대표부와 집행위원회 사이에 완전 합의가 이루어지면 더 이상의 논의 없이 통과된다. 만약 이견이 존재한다면 각료이사회의 내에서 철저히 검토되고, 결국은 회원국가의 이해관계의 균형문제가 고려되면서 여러 결정들이 보통은 일괄타결의 형태로 만장일치로 통과된다. 보통은 집행위원회가 일괄타결이 이루어지는 과정에서 중심적 역할을 한다. 따라서 자문절차에서 가장 중요한 고리는 집행위원회와 상주대표부의 대화라고 할 수 있다. 상주대표부는 중개인으로 평가되기도 하지만, 개별회원국의 이익을 대변하며 유럽적 차원에서 의사결정을 강력히 저지함으로써 통합을 가로막는 변수라고 할 수 있다.

2. 회원국 감시 기능 강화

공동통상정책 중 긴급수입제한조치, 반덤핑규제 등 긴급사안에 대해서 집행위원회는 이사회의 승인 없이 필요한 조치를 강구할 수 있다. 대외통상은 외국이라는 상대를 전제로 하므로 공동통상정책에 있어 특히 중요한 권한은 대외협상에서 유럽연합을 대표하고 이사회의 위임에 따라 교섭을 진행, 협정을 체결하는 교섭권이다. 대외통상교섭에 있어 중요한 것은 회원국과의 긴밀한 협의이다. 유럽연합의 대외통상교섭은 이사회가 사전에 부여한 권한 범위 내에서 진행되어야 하므로 집행위원회가 자의적으로 위임 범위를 일탈하는 융통성을 무한정 발휘할 수는 없다.

회원국 입장에서 보자면 집행위원회가 자국의 이익에 반하는 내용으로 협정을 체결하면 나중에 이를 번복하기 어려우므로 회원국은 교섭과정에 긴밀히 참가하기를 희망한다. 집행위원회로서도 어렵게 타결시킨 협정이 회원국의 반대로 인해 이사회의 승인을 받지 못하게 되면 곤란하므로 회원국도 일정 부분 참여하고 교섭진행 상황에 대해 충분히 이해하기를 희망한다. 이 과정에서 중요한 것이 133조 위원회이다.

다시 논의의 초점을 133조 위원회로 돌려보면 '보조'(assistance) 역할이 갖는 실질적 의미에 대한 의문점이 생긴다. 사실 집행위원회는 느슨한 형태의 협상을 선호해 왔다. 그러나 회원국들은 밀접한 협력관계와 지속적인 정보 교환을 주장해 왔다. 즉, 133조 위원회 내에서 의견일치를 보려는 욕구로 인해 집행위원회의 권한을 필요 이상으로 통제해야 한다는 생각이 강력했다. 따라서 권한 축소 위협에 직면한 집행위원회는 그들의 협상대상자들과 협정을 맺을 수 있는 영역을 찾기 위해서 때로는 그들의 권한을 넘어선 행동을 할 수밖에 없었다.[97] 133조 위원회의 구성원들은 집행위원회가 작성한 자료들과는 전혀 다른 입장의 정보를 다양한 자원들로부터 얻게 되는 경우가 종종 발생한다. 이는 협상기간 동안 집행위원회가 더욱 많은 자율적 영역을 확보하는 것을 불가능하게 했다.

이와는 대조적으로 회원국들에 의한 감시기능은 점차 강화되었다. 니스조약에서는 집행위원회가 정기적으로 협상과정 전반에 대한 보고를 133조 위원회에게 할 것을 요구했다. 게다가 회원국들은 이러한 절차를 협상 과정의 의무조항으로 명문화할 것을 희망했다. 회원국들에 의한 감시기능 강화 이외에 집행위원회가 직면한 또 하나의 문제는 133조 위원회 안에서의 회의 내용이 유럽대중에게 빠르게 전달되어 공론화된다는 것이다.[98] 상당히 많은 경우에 133조 위원회로부터 정보가 유출되고, 이는 24시간 내에 공론화 되는 경향이 있다. 실제로 위원회 회의에 참가하는 인원수는 30명이 넘기 때문에 정보 유출은 불가피하다고 볼 수 있다.

3. 리스본조약과 공동통상정책: 관료에서 정치인으로

리스본조약은 회원국간 투표가치의 균형을 도모하기 위해 유럽연합 정상회의 및 각료이사회의 의사결정시 가중다수결방식(Qualified Majority Voting)을 이중다수결방식(Double Majority Voting)으로 변경하여 2014년 11월부터 시행할 것을 명문화하였다. 각료이사회 표결은 단순다수결과 가중다수결 두 가지가 있다. 가중다수결은 인구가 많은 회원국일수록 더 많은 투표권을 보유하게 된다. 이중다수결이란 각료이사회에서 법안이나 결정이 통과되기 위해서 회원국 55%의 찬성(27개 회원국 기준으로 15개 회원국)과 회원국 전체 인구의 65%의 찬성이 있어야 한다는 규정이다. 소국이 힘을 합해 회원국 수를 기준으로 55%가 넘었다 하더라도 전체 인구의 65%를 넘지 못하면 법안통과가 안 된다. 이전의 가중다수결은 인구가 많은 나라에 비해 소국에게 더 많은 투표권을 주었는데 이런 문제를 해결하기 위해서 이중다수결을 도입한 것이다.

유럽연합은 리스본조약을 통해 대외관계에 있어 법인격(legal personality)을 갖추게 되었다고 볼 수 있다. EC, 공동외교안보정책, 내무사법협력 등 기존의 3주(3 pillar) 체제가 EU(유럽연합)로 통합된 것이다. 이는 유럽연합이 모든 대외관계의 당사자가 됨으로써 한층 강화된 정치·경제공동체로서 부상할 수 있게 된 것을 의미한다. 그 동안 유럽연합은 법인격이 없는 연합체로서 국제회의 참석이나 자유무역협정 체결 시 당사자가 될 수 없었다. 이러한 이유로 지금까지는 유럽공동체인 EC가 그 역할을 대행해왔다. 이 밖에도 리스본조약은 유럽연합의 공식 상징(emblem)과 국가(國歌) 등이 삭제되었고 사상 최초로 자발적인 탈퇴 조항을 담고 있다. 공동체에서 탈퇴하고자 하는 회원국은 정상회의에 탈퇴 의사를 통고하고 유럽의회의 동의를 얻은 후 탈퇴협정에 이사회가 서명함으로써 탈퇴가 가능하도록 했다. 아울러 조세와 외교안보, 국방 등 특정 분야를 제외하고 회원국이 거부권을 행사할 수 있는 분야를 줄였다.

한편, 리스본조약은 불명확했던 유럽연합과 회원국의 권한을 회원국 고유권한(supporting competence), 유럽연합의 배타적권한(exclusive competence), 유럽연합과 회원국간 공유권한(shared competence)으로 구분하였다. 그 결과 공동통상정책과 같은 유럽연합이 배타적권한을 보유한 분야에서는 더 이상 회원국 의회의 비준을 받을 필요가 없어지게 되었다.99) 즉, 서비스 및 지적재산권 분야와 같이 유럽연합과의 맺은 무역협정의 채택은 국내의 회의 비준을 받아야하는 절차가 삭제되고 유럽의회의 동의절차가 추가되었다. 공동통상정책의 원칙들도 확정되었다. 주요 통상 분야들은 상품무역, 서비스 무역, 지적재산권의 무역과 관련된 분야, 해외직접투자, 수출정책과 보조금 또는 덤핑으로부터의 무역보호 등과 관련한 관세와 무역협정 등이다. 유럽의회와 이사회는 공동통상정책을 실행하는 규칙을 만드는 역할을 함께한다. 이사회는 당해 협정이 역내법규의 채택에 만장일치를 필요로 하는 규정이 포함할 때는 만장일치로 결정한다. 또한 협정의 교섭 및 체결에 대해서도 만장일치로 결정한다.

이전 조약과 비교했을 때 유럽연합의 배타적권한은 과거 회원국들과의 공유권한이었던 해외직접투자, 서비스 및 지적재산권의 무역과 관련된 분야로까지 확대되었다. 더욱이 국제무역을 함에 있어서 규제의 진보적 폐지, 해외직접투자, 관세인하 및 다양한 무역장벽의 제고 등 관세동맹의 새로운 목적이 추가되었다. 또한 배타적권한은 무역과 관련된 환경기준, 노동기준 등이 포함되었다. 이러한 규정에 의해서 공동통상정책 하의 자율적 국내결정권한이 유럽연합의 배타적권한으로 변경되었다.

배타적권한의 대부분은 가중다수결 원칙으로 결정하게 되었다. 단, 문화 및 청각서비스 관련 분야의 역외국들과의 협정 등은 가중다수결 원칙으로부터 제외되는 분야이다. 왜냐하면 이러한 분야와 관련된 협정은 공동체의 문화 및 언어의 다양성을 침해할 우려가 있고, 사회, 교육, 보건 서비스와 관련된 협정은 공동체 회원국의 책임을 심각하게 왜곡할 우려가 있기 때문이다. 리스본조약에도 불구하고 만장일치가 요구되는 분야는 지적재산권과 해외직접투자, 자본의 자유이동을 제한하는 수단 등 서비스와 관련된 협정이 각국의 조직을 현저하게 교란하고, 그 제공에 대한 회원국의 책임을 해할 가능성이 있을 때 등이다. 〈표 2〉 회원국 고유권한, 유럽연합의 배타적권한, 유럽연합과 회원국간 공유권한을 정리한 것이다.

▶ 표 2 : 회원국 고유권한, 유럽연합의 배타적권한, 유럽연합과 회원국간 공유권한

회원국 고유권한	유럽연합의 배타적권한	유럽연합과 회원국 간 공유권한
• 건강보호 및 증진 • 여행, 산업, 문화 • 교육 • 시민권 보장 • 행정협조	• 관세동맹 • 경쟁규칙 • 유로지역의 통화정책 • 공동어업정책 하의 해양생물자원 보존 • 공동통상정책 * 외국인직접투자 포함	• 역내시장 • 사회정책 • 지역정책 • 환경, 에너지, 운송, 소비자보호 • 자유 · 안전 · 사법지대

▶ 표 3 : 공동통상정책 관련 조항 비교

니스조약	리스본조약
제131조: 공동통상정책의 목적(국제교역의 발전, 교역장벽과 관세인하), 제132조: 수출신용 등 회원국 해외수출 지원 제도의 조화 당위성, 제133조: 1. 공동통상정책은 단일한 원칙하에 놓인다. 특히 관세율과 관련하여 관세, 무역협정의 결정, 덤핑 또는 보조금과 같은 무역보호를 위한 무역정책은 무역자유화의 원칙을 따른다. 2. 집행위원회는 공동통상정책의 실행과 관련한 제안서를 각료이사회에 제출한다. 3. 집행위원회는 배타적권한을 갖는 분야에 대해서는 공동체를 대신하여 단일 협상자로서 행위 한다. 모든 협상 과정 동안 집행위원회는 협상의 조건을 수정할 수 있는 특별위원회(133조 위원회)의 도움을 받는다. 집행위원회는 협상과정을 특별위원회에 정기적으로 보고한다.	제206조: 공동통상정책의 목적(국제무역, 외국인 직접투자에 대한 규제사항의 점진적 폐지, 관세장벽 및 기타 장벽의 완화에 기여 등을 규정 제207조: 1. 관세율 변경, 상품과 서비스 무역에 관한 관세 및 무역협정의 체결, 지적재산의 통상적 측면, 외국인직접투자, 자율화 조치의 통일화, 수출정책, 덤핑 또는 정부 보조금 지급에 대하여 취하는 조치와 같은 무역보호조치 등에 관한 통일원칙 규정 2. 유럽의회 및 이사회는 보통입법 절차에 따라 규칙의 형태로 공동통상정책의 실시를 위한 구조를 정하는 조치를 채택함을 규정 3. 하나 이상의 제 3국 또는 국제기구와 협정 체결을 교섭하는 경우, 제 218조가 본 조의 특별규정에 기속되어 적용됨. 위원회는 이사회가 위원회의 교섭업무를 지원하기 위하여 임명하는 특

4. 위임된 권한의 집행과 관련하여 교섭이나 내용이 만장일치로 채택되어야 하는 유럽연합 내부 규정에 관한 것이거나 유럽연합의 권한이 아직 행사되지 않고 있는 분야에 관한 경우, 각료이사회는 만장일치로 의결한다.
5. 기존 공동통상정책에 관한 규정(집행위원회가 입안, 교섭시행, 자문위원회(133조 위원회)와의 협의 가중다수결로 결정 등은 서비스, 지적재산권, 통상 관련 협정에도 적용된다.
6. 협정이 공동체의 내부권한을 벗어난 분야를 포함하는 경우라면 회원국들의 법률과의 조화를 우선으로 한다. 특히 유럽연합 조약이 회원국 법규 간 조화 필요성을 배제한 분야에서의 회원국 법규간의 조화를 수반하는 사항을 포함한 협정을 체결할 수 없다.
7. 특정서비스 분야 주로 문화, 시청각 서비스 교역, 교육 서비스, 사회 및 보건 위생에 관한 협정은 유럽연합과 회원국의 공동소관에 해당한다. 이러한 교섭은 회원국의 동의를 필요로 한다. 이러한 협정은 유럽연합과 회원국이 공동으로 체결한다.

제134조: 공동통상정책으로 인한 특정 회원국 불이익 발생시 처리 원칙에 대한 규정

별위원회 및 유럽의회와 협의하고 이사회가 위원회에 시달하는 지침에 따라 이들 교섭을 수행한다. 위원회는 특별위원회 및 유럽의회에게 교섭상황에 대해 정기적 보고를 규정
4. 제 3항에 언급된 협정의 교섭 및 체결에 대해 이사회는 가중다수결로 결정. 서비스무역 및 지적재산의 통상적 측면 및 외국인직접투자에 관한 협정의 교섭 및 체결에 대해 이사회는 당해 협정이 역내법규의 채택에 만장일치를 필요로 하는 규정을 포함할 때는 전원일치로 결정. 또한 이사회는 아래의 분야에서 협정의 교섭 및 체결에 대해서는 만장일치로 결정.
   (a) 문화적 및 시청각서비스무역에서 당해 협정이 연합에서 문화적 언어의 다양성을 해할 가능성이 있을 때
   (b) 사회적 부문, 교육부문 및 보건 부문의 서비스 무역에서 당해 협정이 이 서비스의 각국의 조직을 현저하게 교란하고 그 제공에 대한 회원국의 책임을 해할 가능성이 있을 때
5. 운송 분야에서 국제협정의 교섭 및 체결에 대해서는 제3부의 제 5편 및 제218조의 구속을 받음을 규정
6. 공동통상정책 분야에서 본 조에 의해 부여된 권한의 행사는 연합과 회원국 간 권한 구분에 영향을 미치지 않고, 제조약이 조화를 배제하는 한 모든 회원국의 법률 또는 규정의 조화는 행해질 수 없음을 규정

* 출처: 채형복, 『리스본조약』, (국제환경규제 기업지원센터, 2010), pp. 190-192의 내용을 재구성.

전술한 바와 같이 니스조약이 체결될 때까지 모든 정부간 협상에 대한 유럽시민의 부정적 견해의 대부분은 정보의 투명성 부족이었다. 특히 제133조의 개정에도 불구하고 투명성과 단순성이라는 유럽시민의 요구는 로비 혹은 국내정치상황으로 인해 만족할만한 결과를 가져오지 못했다. 특히 공동통상정책의 범위가 확대되었음에도 집행위원회는 지적재산권과 투자 서비스 분야의 협상 독점권은 획득하지 못하였다. 그러나 회원국들은 중국, 일본, 미국, 그리고 가까운 미래에 인도와 브라질과의 경쟁에서 이기기 위해서 의사결정 시스템을 개혁할 필요성에는 공감하였다. 제3국 시장에서 세계화의 도전에 따른 유럽연합 기업들에 대한 보호의 필요성과 다자간협상에서 단일한 목소리를 낼 필요성 등에는 이견이 없었다.

　그 결과 리스본조약에서는 그동안 개별 회원국 소관사항이었던 외국인 직접투자를 유럽연합의 배타적권한 적용범위에 포함시켰다. 그 결과 유럽연합 기능조약 206조는 공동통상정책의 범위에 해외직접투자가 포함되었으며 투자정책도 유럽연합의 배타적 관할권 영역으로 편입되었다. 그러나 투자협정에 대한 유럽연합의 관할권은 아직 완전히 확정되지 못했다. 그 결과 여러 가지 문제가 발생하던 중 집행위원회는 2010년 7월 7일 "Toward a comprehensive European international investment policy"라는 보고서와 회원국이 이미 체결한 양자간투자협정(BIT: Bilateral Investment Treaties)에 대한 잠정조치에 관한 규정(regulation) 제안서가 발표되어 이 문제에 대해서 약간의 실마리를 제공하게 되었다. 주요 내용은 다음과 같다.100) 첫째, 유럽연합은 유럽연합 차원의 경쟁력 제고를 위하여 해외투자정책의 발전을 위해 노력한다. 둘째, 유럽연합 차원의 투자협정 협상권한을 약화시키지 않는 범위 내에서 투자자들에게 법적 안정성(legal security)을 제공한다.101)

또한 집행위원회가 제출한 규정 제안은 다음의 내용이 포함되어 있다. 첫째, 회원국이 이미 체결한 양자간 투자협정에 대한 잠정적인 규정들: 현재 회원국과 제3국간에 체결된 양자간 투자협정들 중 유럽연합 법률과 합치되지 않는 규정들은 일단 존속된다. 그러나 회원국들은 이를 재협상하여 유럽연합 법에 합치되게 할 의무가 있다. 이는 회원국들 간에 체결된 양자간 투자협정에도 적용되며, 재협상을 위한 토대는 해당 EU Regulation에 규정된다. 둘째, 회원국들은 '예외적 잠정조치'로서 현재 진행 중인 양자간 투자협상을 계속 할 수 있다. 셋째, 회원국들은 자국이 유지시키거나 협상하고자 하는 양자간 투자협정을 집행위원회에 통보해야 한다. 집행위원회는 통보받은 협정들이 유럽연합 법 또는 유럽연합 투자정책에 합치되는지 여부를 심사한다. 넷째, 유럽연합이 양자간 투자협정에 관심을 갖고 있는 국가들은 인도, 중국, 싱가포르, 러시아 등이다. 다섯째, 회원국들이 투자관련 분쟁에 연루될 경우, 이를 집행위원회에 지체 없이 통보해야 한다. 이에 집행위원회는 해당 분쟁에 참여할지 여부를 자체적으로 결정한다.[102] 이처럼 유럽연합이 투자정책을 공동통상정책의 영역에 포함시킨 것은 제3국 투자자에게는 법 집행의 일관성과 안정성 유지에 있어서 긍정적인 역할을 할 것이다.

이는 회원국 개별기업이 일일이 대응하기 쉽지 않은 '스파게티 보울'(Spaghetti Bowl) 효과 제거노력의 일환이라고 할 수 있다. 스파게티 보울 효과란 개별 협정마다 원산지결정기준 등 복잡한 활용절차와 규정이 담겨있음으로 인해 기업입장에서 일일이 대응하기엔 어려움이 많아 중도 포기함으로써 활용도가 저하되는 현상을 일컫는다. 리스본조약 이후 유럽연합은 외국인 직접투자 부문에서 배타적 권한을 갖게 됐으므로 회원국들은 제3국과 양자간 투자협정을 더 이상 맺을 수 없다.[103] 이로써 회원국들은 유럽연합 법률에 따라 국제협정을 채택해야만 하고 기존의 협정들은 법적 효력을 상실하게 된다. 현재 영국 120개 이상, 오스트리아는 50개, 프랑스는 거의 100개 이상의 양자간 투자협정을 맺고 있는 상태이다. 이 내용을 두고 일부 회원국들은 '투자자유화'만이 유럽연합의 배타적권한이며, '투자보장'은 여전히 개별 회원국 권한이라고 주장하고 있다. 이에 반해 집행위원회 및 일부 회원국은 '포괄적 투자규칙'(comprehensive investment rules)까지 포함시켜야 한다고 주장하고 있다. 한편, 서비스, 지적재산권 보호, 해외직접 투자 관련 협정 중 회원국 전체의 동의가 필요한 내부 조치가 수반되는 국제협상은 회원국 만장일치라는 요건을 부가하여 니스조약과 큰 차이를 보이지 않는다.

리스본조약으로 집행위원회는 국제통상협상 분야에서 유럽이사회 특별위원회인 무역정책위원회 외에도 유럽의회에 정기적으로 보고하는 절차가 생겨났다. 유럽의회는 반덤핑, 세이프가드, 일반특혜관세 등의 정책에 있어서도 유럽이사회와 함께 공동결정권한을 보유하게 되었다. 이로써 국제통상협정에 대한 개별 회원국의 의회 비준이 필요한 부문이 감소하게 되었다. 대신 통상협정을 포함한 모든 국제협정 체결에는 유럽의회의 동의절차가 강화됨으로써 그간 공동통상정책이 비판받아온 민주성 결핍이라는 문제가 해결되었다.

특히 반덤핑 조치에 대한 유럽연합의 규정을 살펴보면 '공동체 이익(Community interest)'이라는 개념이 확실하게 보강되었다는 것을 알 수 있다. 반덤핑 조치에 대한 규정은 Council Regulation 384/96을 기본으로 한다. 이규정은 다른 말로 Basic AD Regulation이라고도 한다. 덤핑은 기본적으로 어떤 상품이 국내 시장 가격(normal value)보다 낮은 가격으로 수출되어 수입국 국내산업에 실질적 피해(material injury)를 주는 행위를 가리킨다. 이러한 덤핑행위와 수입국 국내산업의 피해 간의 인과관계가 증명되면 이런 덤핑 행위에 대해서 수입국은 일반적으로 덤핑 관세로 대응하게 된다. WTO 반덤핑협정은 WTO 회원국들이 이런 반덤핑조치에 대한 국제적 기준이 되는 규정이다.

그러나 유럽연합의 Basic AD Regulation은 덤핑과 국내산업 피해, 이들 간의 인과관계가 증명된다 하더라도 반덤핑 조치가 '공동체 이익'에 합치되지 않으면 덤핑 관세를 부과할 수 없다고 규정하고 있다. 이러한 취지의 규정은 잠정조치(Provisional measures)를 규정한 Basic AD Regulation 제7조 1항, 조치 없는 조사 종결(Termination without measures)을 규정한 제9조 1항, 최종 조치(Definitive measures)를 규정한 제9조 4항 등에 기술되어 있다. 공동체 이익이 무엇인가에 대해서는 정확한 정의가 내려져 있지 않다. 그럼에도 리스본 조약 이후에는 유럽연합 집행위원회에서는 반덤핑조치 부과에 있어서 조사대상국 수출자, 해당제품의 유럽연합 내 수입업자, 제품의 사용자, 소비자, 역내 생산자, 회원국 정부간의 의견을 종합해서 해당 반덤핑 조치가 공동체 이익에 합치되는지의 여부를 종합 검토하게 되는 절차가 강화되었다.104)

리스본조약이 발효되면서 유럽의회의 영향력이 커지게 되었다. 리스본 조약은 유럽의회 권한 강화를 통해 역내 민주주의 제고 및 정치통합을 도모하고자 하였다. 입법과정에서 유럽의회에 이사회와 동등한 통제 권한을 부여하는 '공동결정' 적용분야가 확대되었다.105) 그 결과 통상정책 이슈를 포함하는 국제적 협정을 체결할 때는 유럽의회의 동의가 필요해졌다. 의원수 조정을 통해 소규모 회원국들의 의사를 보다 적극적으로 반영할 수 있게 된 것도 특징이다. 구체적으로 총 의원 수가 현재의 736명에서 의장을 포함해서 751명으로 확대하고 회원국별 최소 의원수도 현재의 5

명서 6명으로 확대된다. 이와 함께 네덜란드의 요구에 부응하여 개별 회원국의 주권침해를 최소화하기 위해 회원국 의회의 권한도 강화된다. 리스본조약은 또한 유럽연합의 입법, 조약개정, 신규 회원국 가입에 앞서 회원국 의회에 사전 심의권을 부여하는 절차를 구체적으로 명시하였다. 무엇보다 유럽의회 역할이 강화됨에 따라 통상협정 과정에서 '정치인 중심'의 유럽의회가 '관료 중심'의 무역정책위원회와 동일한 수준의 권한을 행사할 가능성이 커졌다.106) 이는 통상문제에 대한 회원국들의 국내정치적 요구가 자국 출신 유럽의회 의원을 통해 표출될 가능성이 높아짐을 의미하는 것이다.

유럽연합 기능조약 206조는 유럽연합의 공동통상정책에 해외직접투자가 포함시켰으며, 투자정책은 유럽연합의 배타적 관할권 영역으로 편입되었다. 그러나 투자정책에 대한 유럽연합의 관할권은 아직 완전히 확정되지 못했다. 리스본조약 이후 유럽연합은 외국인직접투자 부문에서 배타적 권한을 갖게 되므로 회원국들은 제 3국과 양자간 투자협정을 더 이상 맺을 수 없다. 이로써 회원국들은 유럽연합 법률에 따라 국제협정을 채택해야만 하고 기존의 협정들은 법적 효력을 상실하게 될 것이다.

이 내용을 두고 일부 회원국들은 '투자자유화'만이 유럽연합의 배타적권한이며, '투자보장'은 여전히 개별 회원국 권한이라고 주장하고 있다. 이에 반해 집행위원회 및 일부 회원국은 '포괄적 투자규칙'까지 포함시켜야 한다고 주장하고 있다. 한편, 서비스, 지적재산권 보호, 해외직접 투자 관련 협정 중 회원국 전체의 동의가 필요한 내부 조치가 수반되는 국제협상은 회원국 만장일치라는 요건을 부가하여 니스조약과 큰 차이를 보이지 않는다.

리스본조약으로 집행위원회는 국제통상협상 분야에서 유럽이사회 특별위원회인 무역정책위원회 외에도 유럽의회에 정기적으로 보고하는 절차가 생겨났다. 유럽의회는 반덤핑, 세이프가드, 일반특혜관세 등의 정책에 있어서도 유럽이사회와 함께 공동결정권한을 보유하게 되었다. 이로써 국제통상협정에 대한 개별 회원국의 의회 비준이 필요한 부문이 감소하게 되었다. 대신 통상협정을 포함한 모든 국제협정 체결에는 유럽의회의 동의절차가 강화됨으로써 그간 공동통상정책이 비판받아온 민주성 결핍이라는 문제가 해결되었다.

그러나 유럽의회 역할이 강화됨에 따라 통상협정 과정에서 '정치인 중심'의 유럽의회가 '관료 중심'의 무역정책위원회와 동일한 수준의 권한을 행사할 가능성이 커졌다. 이는 통상문제에 대한 회원국들의 국내정치적 요구가 자국 출신 유럽의회 의원을 통해 표출될 가능성이 높아짐을 의미한다. 이는 대외무역과 관련된 문제에 있어서 국가 주권의 보장은 변함이 없음을 의미한다. 즉, 국가의 선호는 변하지 않았으며 유럽연합의 확대가 가져올 제도적 절차의 문제점을 리스본조약에서는 다루었다는 점에서 단지 회원국들의 초점의 대상에 변화가 온 것이다. 기존 회원국들 역시 제도의 변화만이 자신의 위치를 공고히 할 수 있다는 생각이 리스본조약에 반영된 것이라 할 수 있다. 이렇듯 공동통상정책은 리스본조약의 체결에도 불구하고 집행위원회의 배타적권한과 회원국가의 이익 추구사이에서 갈등하는 이중적 모습으로 나타날 수밖에 없을 것이다.

제5장

공동통상정책의 보호주의적 특성

　로마조약의 규정에 따라 공동통상정책은 유럽연합의 발전에 필수적인 부분이 되었다. 역사적으로 공동통상정책은 유럽 국가들 간의 관세동맹의 설립과 함께 시작되었다고 할 수 있다. 관세동맹은 두 가지 행정적인 절차를 포함하였는데 첫째는, 관세의무의 폐지와 무역에 있어서 회원국들 간 수량제한의 철폐, 둘째는 역외국들과의 공동관세의 채택이다. 실제로 유럽공동체가 1968년 중반 관세와 관련된 개혁 작업을 착수함에 따라 공동통상정책은 마침내 비회원국들과의 교역에 있어서 '공동역외관세'(CET: Common External Tariff)를 실시하게 되었다. 유럽의 공동시장을 운영하기 위한 공동통상정책이라는 장치가 없었다면 회원국들의 다양한 무역정책들로 인하여 상당한 정책의 혼란을 가져왔을 것이고, 공동시장으로부터의 이익 확대는 실현 불가능했을 것이다. 그러므로 공동통상정책은 유럽통합에 있어서 필수 불가결한 요소였다고 할 수 있다.

제1절 | 공동통상정책의 주요 수단

집행위원회가 공동통상정책을 집행하는 실제 수단은 공동관세, 산업피해구제조치(반덤핑, 상계관세, 긴급수입제한조치 등), 타국의 무역장벽 및 시장접근 정도에 관한 조사 분석, 각종 통상목적을 달성하기 위한 대외통상교섭 및 협정체결 등이다. 집행위원회는 이러한 수단을 이용하여 WTO 교섭과 같은 다자간 협상이나 지역협력체 또는 특정 국가와의 양자교섭 분야에서 통상정책을 시행한다. 그러나 문제는 유럽연합의 통상정책이 상대와의 협의를 통해 이루어지는 다자나 양자분야뿐만 아니라 유럽연합의 일방적인 조치를 통해서도 구현된다는 점이다.

이 절에서는 유럽연합의 대외무역에 영향을 미치는 무역정책수단의 다양한 형태를 고찰하고 실제적 의미를 분석한다. 앞서 검토한 것처럼 공동통상정책은 회원국들의 경쟁력을 강화시키기 위한 목적으로 설립되었다. 역외국들에 대한 경쟁력 강화를 위한 도구로서 공동통상정책은 역외국들로부터의 수입품에 부과한 공동관세 및 비관세정책을 실시했다.

1. 일방적 조치

1) 공동관세(The Common Customs Tariffs)

역외국들로부터의 수입품에 대한 동일한 관세율을 적용하기로 함에 따라 유럽경제공동체 회원국들은107) 1957년 회원국들에 의해 평균관세율을 정하는 데 동의했다. 이는 공동관세가 생산품에 대한 세율을 회원국들 간의 협의에 의한 결정이 아니라, 관세의 산술적 평균을 기초로 한 평균방식에 의한 것이었다.

초창기 관세동맹은 회원국 정부의 무역형태에 다양한 영향을 미쳤다.

공동체 설립 회원국들이 대외무역과 관련해서 각기 다른 관세율을 적용한 이래로 관세동맹은 마침내 자국보호 수준에 중요한 변화를 가져왔다. 독일, 네덜란드처럼 낮은 관세를 유지하고 있던 국가들은 관세의 실질적 증가로 인한 무역전환효과(trade diversion effect)를 경험한 반면, 프랑스와 이탈리아와 같이 높은 관세를 유지하던 국가들은 자국관세를 낮춰야 했기 때문에 무역창출효과(trade creation effect)[108]를 가져왔다. 그러나 산업보호 차원에서의 실질적인 변화에도 불구하고 관세동맹은 대체로 산업보호라는 구조에는 영향을 미치지 않았다. 예를 들어 회원국들이 이미 관세동맹 이전에 특정 생산품에 대한 높은 관세를 유지했었다면, 산술적 평균에 의한 공동관세는 상대적으로 생산품에 대해서 다시금 높은 관세를 부과한 것을 의미하는 것이기 때문이다. 이는 상대적으로 낮은 관세가 부과되었던 생산품에도 적용될 수 있다. 결국 히네(Hine)가 주장하는 것처럼 공동체 수준의 산업보호 구조에는 실질적 변화가 없었다고 볼 수 있다.[109]

쿠퍼 마젤(Cooper-Massel)과 존슨(H.G Johnson)은 무역장벽의 제거가 해당 국가의 후생증대에 기여한다면 구태여 경제통합을 시도할 필요가 없다는 점을 지적한다. 왜냐하면 한 국가는 일방적으로 무차별적 관세를 인하하거나 그 이외 보호정책을 완화하여 시장을 좀 더 개방함으로써 이익을 얻을 수 있기 때문이다. 그럼에도 불구하고 특정 지역에 속하는 국가들이 일방적인 관세인하보다 관세동맹을 선호하는 것은 공동관세(공동보호정책)의 채택이 관세동맹 회원국들에게 역외국가에 대한 하나의 공동경계(common boundary)를 설정해 주는 한편, 회원국들은 이 테두리 안에서 공동의 목표를 추구할 수 있다는 것이다.[110]

현실적으로 볼 때, 특정 국가들이 관세동맹을 추진했던 이유는 그들이 추구하는 특유의 이익 추구 목표가 있었기 때문이다. 이러한 공동목표는 회원국 정부들 간 합의를 원칙으로 하고 있으며, 경제통합은 이 목표를 달성하기 위한 수단이라고 할 수 있다. 특히 중요한 것은 회원국들은 시장통합에 따르는 비용을 감수하는 한편, 그들만이 혜택을 주고받는 특정 목표가 있다. 이 목표는 대외적으로는 배타적인 성격을 갖는다. 이러한 배타성이야말로 관세동맹의 특성 중의 하나이며 상대적으로는 보호주의적 성격을 갖는다는 것을 말해 준다.

회원국 정부가 공동으로 추구하는 목표와 관련하여 대표적으로 들 수 있는 예가 공공재보호이다. '공공재'는 그 대상이 1차, 2차 산업을 포함한 3차 산업 전반을 포괄한다. 개도국의 경우에 사회여론을 배경으로 공업화를 추진하기 위하여 국내 특정 제조업 부분을 보호한다면, 이 부분이 일종의 공공재라 할 수 있다. 유럽연합의 경우 그간 보호주의적 공동농업정책을 추구해 왔다는 점에서 역내 농업생산이 대표적인 공공재에 해당한다. 뿐만 아니라 공공재는 특정 재화만을 의미하지는 않으며, 좀 더 확대 해석하면 대다수 사회 구성원의 수요가 뒷받침되는 부문까지도 포함될 수 있다. 따라서 유럽연합의 경우, 농업생산 이외에도 대부분의 공동정책이 공공재의 성격을 띠고 있다고 할 수 있다.[111]

존슨(Johnson)은 '대다수의 사회 구성원이 소비하고자 하는 상품'은 일종의 공공재라고 정의했다. 여기에서 말하는 상품은 국내에서 생산된 상품으로서 외국상품에 비해 가격이 높기 때문에 보호를 해 줄 경우에는 그만큼 비용 면에서 비효율이 따른다. 그럼에도 불구하고 정부가 사적 소비를 희생해 가면서 국내에서 생산되는 공공재를 보호해 주는 이유는 설사 비경제적이라 하더라도 사회적 후생을 극대화하기 위한 목적 때문이다.

회원국들은 관세동맹 설립의 결과로서 자국에 도움이 될 수 있을 만한 일반적 수준 밑으로 관세를 낮추기 위하여 타 국가들과 협상할 준비가 되어 있다는 점을 로마조약을 통해 대외적으로 천명했다(제18조). 실제로 공동관세정책은 유럽연합의 관세수준에 상당한 변화를 가져왔다. 주로 GATT 체제 하에서 유럽연합이 관세는 딜론라운드(1960-1961)와 케네디라운드(1962-1967)는 관세를 이전의 절반수준으로 낮추었다. 도쿄라운드(1973-1979) 동안 1978년 수준의 30% 가까이 관세를 낮추는 것이 합의되었다. 마침내 우루과이라운드(1986-93)의 결과 유럽연합의 농업생산물을 제외한 모든 수입품에 부과하던 관세는 평균 5.7%가 되었다.112) 그러나 상대적으로 낮은 공동관세는 관세가 더는 유럽시장으로 상품을 수출하고자 하는 역외국들에 대한 장벽이 아님을 의미하는 것은 아니었다.

매튜스(Matthews)는 조사를 통해 유럽연합 개별상품에 부과되는 관세수준에는 상당한 차이가 있었으며, 가장 높은 관세는 단순한 기술이 적용된 노동집약적 산업으로부터 생산된 완제품에 부과되는 경향이 있었음을 밝혀냈다. 이러한 관세형태의 결과는 소위 관세상승효과의 수단으로서 중간재의 수입을 막는 효과를 달성했다.113) 즉, 원자재는 관세로부터 상대적으로 자유로웠던 반면, 천연고무로부터 타이어, 목재로부터 가구가 된 경우와 같이 원자재로부터 가공된 생산물에 실질적인 관세가 부과되었다. 이것이 의미하는 바는 생산물이 가공되면 가공될수록 높은 관세가 가공물에 부과됨을 의미하는 것이었다.

유럽연합의 가공산업(processing industries)에 대한 효율적 방어조치는 일반적으로 관세 수치가 나타내는 것 이상으로 높았다. 그 결과 교역은 중간재(processed products)보다 오히려 원자재의 수입을 선호하는 쪽으로 왜곡되는 결과를 초래했다. 결과적으로 관세라는 장치는 고부가가치 산업구조로 탈바꿈하려는 개발도상국들의 성장을 방해하는 수단으로 활용되었다.114)

2) 수량제한(National Quantitative Restrictions)

수입쿼터라고도 불리는 수량제한은 다른 무역정책수단에 비하여 가장 보호적이며, 비관세 조치들 중에서 가장 큰 비중을 차지한다. 총량쿼터, 개별쿼터, 일방적 쿼터, 쌍무적 쿼터, 시장질서협정(OMA: Orderly Market Arrangement) 등은 그 상이한 명칭에도 불구하고 사실상 수입량 제한을 목적으로 하는 조치들이다. 수입량 제한정책의 보호적 성격은 특히 관세 부과와 비교할 때 명백하게 나타난다. 하나의 예로 어떤 상품에 대하여 관세를 부과했을 때 수입되는 양과 동일한 양을 수입량으로 제한한다고 가정했을 경우 이 상품의 수출시장, 수입시장 및 수입쿼터 시장 등 시장구조의 형태에 따라 수입국 내 가격 효과는 다르게 나타난다. 어느 한 시장이 불완전 경쟁구조를 갖고 있다면 대부분의 경우에 있어서 수입량 제한정책이 수입국 시장 내부에 더 큰 가격상승을 가져온다.115)

1990년대에 들어서면서 수입량 제한정책 자체는 거의 철폐되었다. 가장 중요한 요인은 회원국 간 상품이동을 제약하는 예외적인 조치(마스트리히트조약 134조)가 더 이상 허용될 수 없게 되었기 때문이다. 그러나 민감 품목에 대한 수입량 제한 조치는 유지되었음에도 불구하고 해당 품목의 수입이 여전히 증가함으로써 실효를 거두지 못했다. 1994년 회원국별 실시되었던 수입쿼터제는 거의 폐지되었다. 반면, 필요한 경우에는 WTO 규정의 긴급수입제한조치에 따라 예외적으로 한 국가 시장과 마찬가지로 유럽연합이 역내 전체를 하나의 시장으로 하는 공동쿼터의 채택은 가능하다. 따라서 이는 회원국별 수량제한 조치가 단지 유럽연합으로 이전했을 뿐이지 철폐된 것은 아니라고 할 수 있다.

무역정책영역에서 유럽연합에게 주어진 배타적 경쟁력에도 불구하고 회원국들은 여전히 역외국가로부터의 수입에 대한 국가별 수량제한 조치를 취할 수 있다. 회원국들의 특정 제품의 수입 제한, 수량제한은 철폐가 된 반면, 역외국가에 대한 수량제한은 아직도 공동체와 개별국 간의 협상으로 해결하고 있으며, 농산품과 섬유의 경우는 계속 이 수량제한 조치가 암묵적으로 취해지고 있다.

유럽의 역내시장 운영은 따라서 국가별 제약장치, 즉, 자율수출규제 장치의 운영과 밀접한 관계에 있다. 이는 상품의 자유이동의 원칙이 포함된 1992년 단일시장 목표와 분명히 배치된다고 할 수 있다. 따라서 집행위원회는 유럽연합 차원의 수입규정을 지속적으로 제정하는 한편, 국가별 보호주의적 장치 실행에는 더욱 엄격한 범위를 제시했다.116) 그러나 마스트리히트조약은 제115조의 적용에 대한 실질적 변화를 추구하지 않았으며 단지 작은 수정이 있을 뿐이었다. 이것이 설명하는 바는 유럽연합의 역내시장 완성에도 불구하고 국가별 수량제한을 대치시키지는 못했다는 것을 의미한다.

3) 무역장벽 규정(Trade Barriers Regulation)

유럽연합의 통상정책은 로마조약 제110조, 제113조, 제115조 등에 의해 원칙이 정해졌다. 특히 제113조에서는 유럽연합 위원회와 이사회에게 통상 분야에서 공동정책을 취할 수 있는 법적 권한을 부여하고 있다. 이에 따라 유럽연합은 공동역외관세(CET: Common External Tariff)를 부과하고, 덤핑이나 보조금이 지급된 수입에 대해서 공동체 차원의 대책을 강구하여 왔다. 그러나 1980년대 이후 유럽연합의 경쟁력 약화와 역외국의 급부상 등으로 인해 기존의 통상정책수단은 미흡하다는 인식이 회원국들 사이에 만연하게 되었고, 이에 공동통상정책의 강화 방안을 강구하게 되었다. 즉, 유럽연합 내 기업들이 그동안에 역외기업의 불공정 무역행위로 인한 손실을 입어 왔음에도 불구하고 유럽연합 차원의 적절한 조치가 없었다는 것이다. 이에 따라 유럽연합도 미국의 통상법 제301조와 같은 신통상정책조치(New Commercial Policy Instrument)를 마련했다. 1984년 9월 유럽연합이사회는 역외국의 불법적인 무역관행으로부터 역내기업을 보호하기 위한 법령(Regulation 264 / 84)을 제정하였는데 이것이 신통상정책조치이다. 이 조치는 1995년 1월부터 발효된 무역장벽 규정에 의해 대체되었다.

전반적으로 이 규정은 미국의 301조 또는 슈퍼 301조의 경우와 비슷하다. 그러나 미국의 경우 무역대표부(USTR: United States Trade Representative)는 의회가 법률제정을 통해 부여한 권한의 범위 내에서 보복수단으로 슈퍼 301조를 동원하고 있다. 이에 비해 무역장벽규정에 따른 유럽연합 집행위원회의 권한은 기간이나 대상에 있어서 폭이 훨씬 넓다. 즉, 사안별로 시간적인 여유가 있을 뿐만 아니라, 보복대상은 상대국의 불법적 관행에 한정하지 않는다. 국제무역 규범에 따라 유럽연합이 권리를 행사할 수 있는 모든 정책이나 제도로 그 대상 및 범위를 확대할 수 있다. 이와 같이 무역장벽 규정의 취지는 국제규범에 어긋나는 제3국의 불공정 무역에 의한 장벽이 있다고 판단될 경우 유럽연합 차원에서 적절한 대응 수단을 마련하는 데 있다. 그런데 유럽연합 내 기업이나 산업은 역내시장에 있어서는 물론 역외 제3국 시장진출에 있어서 제3국 정부나 기업의 불공정 무역행위에 따르는 장벽으로 인해 피해를 입었다고 판단되는 모든 경우 집행위원회에 그 내용을 제출할 수 있다. 즉, 이는 다른 정책수단과는 대조적으로 어떤 장벽이든지 모두 해당되며 더욱이 민간차원에서도 필요한 조치를 요구할 수 있다는 데 특징이 있다.

이 조치의 주요 내용은 불공정 무역관행으로부터 유럽의 기업에 피해를 주는 역외국가에 대하여 보복관세의 부과, 기존에 합의한 무역양허의 중지 및 철회, 유럽연합 역내수입에 대한 관세인상, 수입수량제한, 수입과징금부과 등을 통하여 보복조치를 취하는 것이다. 최종적인 보복조치는 집행위원회의 제안에 따라 각료이사회가 30일 이내에 가중다수결에 의해 결정한다. 그러나 문제는 불공정 무역관행은 국제법 특히 WTO협정 위반을 의미하는 것이지만 자의적 의미로 해석되고 있으며 불법교역관행이 어떤 것인지에 대해서는 명확한 해석이 결여되어 있다는 것이다.117) 즉, 고소장을 제출할 수 있는 권리가 역내기업에 있고 조사의 착수여부를 결정할 때 많은 이익집단의 대리인인 로비단체가 정보를 제공하는 형식으로 집행위원회의 결정에 개입하고 있다.

슈크네히트(Schuknecht)는 산업의 정치적 영향력이 반덤핑규정의 적용을 결정하는 중요한 변수로 작용한다는 실증분석을 하였는데 집행위원회의 덤핑조사 여부는 역내 생산자들의 정치적 영향력에 따라 결정된다는 것이다. 덤핑의 판정에 소비자의 이익이 거의 반영되지 않고, 기업에 비해 상대적으로 소비자의 정치적 영향력을 행사할 만한 대표적인 소비자 조직이 결여되고 있는 점을 감안하면 각 집단의 정치적 영향력이 덤핑조사의 중요한 기준이 된다는 분석은 타당성을 갖는다.

신조치는 미국의 통상법 제301조처럼 불공정(unjustifiable), 비합리적(unreasonable), 차별적 행위 전체를 포괄하는 내용은 아니나, 불법교역의 범위를 둘러싸고 유럽연합 당국의 자의성 적용의 확대가 가능하다고 할 수 있다. 무엇보다 중요한 것은 무역장벽규정이 회원국 정부뿐만 아니라 이해당사자인 기업의 제소권을 인정하고 있다는 것이다. 원래 WTO규정이나 GATT Code의 규정은 '비자기집행적'이다. 즉, 사인은 제소권이 없고 자국 정부에게 '외교적 보호권'을 요청하여 정부간 협의를 통해 분쟁을 해결하는 것이 원칙이다. 그러나 유럽연합의 무역장벽규정은 미 통상법과 마찬가지로 사인의 제소권을 인정하고 있다.118) 로마조약 제113조가 사인의 이러한 권리를 인정하고 있지 않다는 점을 고려하면 신조치는 중대한 정책수단으로 활용되고 있다.

이외에도 유럽연합의 공동무역정책의 범위에는 포함되어 있지 않으나 실질적으로 역외 수입에 대해 비관세 조치와도 같은 수입제한 효과를 갖는 대표적인 예로 공동체 차원에서 요구하는 기술표준이 있다. 사실상 표준제도의 채택은 공동산업정책이나 공동환경정책의 일환이었으나 점차 이러한 정책이 역외국가에 적용되면서 무역장벽의 성격을 띠게 되었다.119)

2. 양자적 조치

1) 자율수출규제(Voluntary Export Restraints)

자율수출규제는 역외국들이 유럽연합과 그 회원국들로의 수출량을 자율적으로 제한하는 유럽연합 및 회원국들과 역외국가 간의 쌍무적 협정이다. 명목적으로는 자율규제지만 사실상은 역외국가에 다른 제재조치를 가하는 것을 피하는 수단이다. 이는 수출입 국가들 간 협상을 통해 협정기간 동안 매년 수입쿼터를 정하고 이 범위 내에서 수출국이 자발적으로 수출량을 결정하는 형태로 운영된다.120)

각료이사회는 유럽연합을 대표하여 역외국가와 자율수출규제를 협상할 수 있는 권한을 집행위원회에 위임하고 있다. 자율수출규제에 동의하는 수출국들을 위한 유인조건 중 하나는 그들이 수출품에 대한 높은 가격을 책정함으로써 무역조건을 향상시킬 수 있다는 것이다. 반면, 수출량은 자율수출규제의 결과 감소된다.121) 동시에 자율수출규제의 적용은 정치적으로 관세정책 사용과 비교하여 관련 국가에게 적은 손해를 입힌다고 볼 수 있다. 왜냐하면 자율적 수출제한은 GATT협약과 같은 국제적 의무를 비켜나갈 수 있기 때문이다. 따라서 자율수출규제는 주로 국가차원의 보호주의적 정책수단으로 사용되어 왔다. 프랑스, 이탈리아, 스페인, 영국 등은 자동차, 운동복, 가전제품과 같은 특정 산업분야에 수입증가를 억제하기 위해 자율수출규제를 적용시켰다. 자율수출규제의 주요 협의대상은 주로 일본의 자동차, 기계류, 가전제품과 같은 산업들이었고, 한국 역시 자율수출규제의 피해자라 할 수 있다.122) 그러나 WTO 사무국의 보고서에 따르면 집행위원회는 결코 공식적으로 유럽연합 혹은 개별국가차원의 자율수출규제 협상 자체를 인정한 예가 없고, 오히려 수출국 스스로의 의지에 의해서 채택되었다는 주장이다.123)

1970년대 이후 자율수출규제는 유럽연합에 의한 수입제한정책의 대표적 조치로 불릴 정도로 섬유류를 중심으로 다른 부분까지 확산을 거듭했다. 이는 자국 생산품의 보호라는 측면에서 규제의 효과는 일방적인 수입량 제한의 경우와 같다고 할 수 있다. 그러나 수입량 제한의 경우에는 수입쿼터 보유자가 누리는 지대가 수입국에 돌아가는 반면, 자율수출규제의 경우에는 이에 해당하는 지대가 수출국으로 이전된다. 그러나 유럽연합이 자율수출규제조치를 선호하는 이유는 합법성의 문제에 있다고 볼 수 있다. 즉, WTO의 긴급수입제한조치 규정에 따르면 수입국이 특정 상품의 수입이 급증할 때 수입량 제한정책을 실시하는 경우 '일시적'인 경우에 국한하며 또한 복잡한 협의 절차가 요구된다. 반면, 이 규제에 따르면 수출국들이 자발적으로 수출량을 자제해야 할 뿐만 아니라, 협정기간 동안 수입국은 하등의 절차 없이 수입량을 제한할 수 있기 때문이다.

2) 상호호혜의 원칙(The Principle of Reciprocity)
앞서의 논의를 통해 알 수 있듯이, 단일유럽시장의 출범은 공동통상정책의 발전에 상당한 영향을 주었다. 그 결과 유럽연합의 역외무역정책의 '획일성'은 강화되었다고 할 수 있다. 단일시장이 완성됨에 따라 회원국들 간의 교역 시 존재했던 차별이 철폐되었고, 공동통상정책을 토대로 역외국들에 대한 단일한 교역원칙이 마련되는 계기가 되었다. 그러나 몇몇 회원국들 사이에는 단일유럽시장의 혜택이 해외경쟁국에게 돌아갈지도 모른다는 불안감이 있었다. 이러한 가능성에 근거하여 유럽시장에 역외국들의 접근을 가능케 하는 수단 중에 하나로 '상호주의 원칙'(the principle of reciprocity)이 활용되었다.

상호호혜의 원칙은 유럽연합이 단일시장의 효익을 역외국가와 공유함에 있어서 공동체 기업인이 그 역외국가 내에서 적어도 차별적 대우를 받지 않는다는 것을 조건으로 하는 원칙이다. 특히 제2차 은행지침에서 이를 구체적으로 규정하고 있는데, 여기에는 두 가지 요소를 포함하고 있다. 그 하나는 역외 은행에 대해서 시장을 실효적으로 개방하고 있는지의 여부를 판단하는 소위 반사적 상호주의(mirror-image reciprocity)이며, 둘째는 관련 역외국가가 자국 금융시장 내에서 유럽연합 은행에 대하여 자국 시중은행에 대한 것과 같은 취급을 하고 있는지, 이른바 내국민 대우(national treatment)이다. 이때 상호성의 판단은 유럽연합 차원, 즉, 모든 회원국들에 대하여 상호주의 원칙을 만족시키는지의 여부를 기준으로 한다.

집행위원회는 역외국들에게 역내자유화로 인한 이익을 확대시킬 필요가 없었기 때문에 상호호혜라는 개념과 상호이익이라는 개념을 활성화시켰다.124) 오히려 상호호혜의 원칙은 유럽연합에 속한 기업들에게 이미 시장이 개방되었다거나 쌍무적 혹은 다자간 협상을 통해서 시장개방을 할 예정인 국가들에게 자유로운 유럽시장접근을 허용할 의도였다는 의미를 지닌 것이다.

제2절 | **공동통상정책의 적용절차**

유럽연합의 역외교역 자유화는 공동통상정책의 시발점이라 할 수 있다. 따라서 공동통상정책수단은 역외교역을 함에 있어 존재하는 수량제한을 제거하려는 데 본질적인 목적이 있다. 그러나 유럽연합은 유럽연합 차원의 이익을 확보하기 위해서 유럽시장에 대한 무제한적인 접근 원칙에 예외를 허용한다. 예를 들어 수입품에 대한 공동규정(Council Regulation No.518 / 94)은 유럽연합으로 하여금 역외국들로부터 적용 가능한 수입품에 긴급수입제한조치(safeguard)와 감시행위(surveillance)를 허용하고 있다. 공동통상정책의 주요 수단은 특정한 통상행위를 규정하는 수많은 이사회 규정(Council Regulation)에 기초를 두고 있다. 즉, 각각의 정책수단은 다양한 법률적 절차를 필요로 한다.

규정은 일반적 적용으로 모든 회원국에 직접 구속력을 갖는 공동체법원(法源)의 하나로 각료이사회에서 제정한다. 여기서 "규정이 일반적으로 적용된다." 함은 적용 대상이 불특정 다수라는 의미이며, "전부 구속력이 있다." 함은 유럽연합 규정에 있어 규정에 담겨져 있는 모든 내용이 적용 대상자에게 권리 의무를 부여함을 말한다. 또한 규정은 모든 회원국에 직접 적용되므로, 유럽연합의 모든 영토에 걸쳐 법적 효력을 가지게 되는데, 규정은 제정됨과 동시에 자동적으로 회원국 국내법 질서의 일부를 형성하며, 따라서 특별한 국내법적 편입절차, 즉, 회원국 국회에 의한 비준 등이 요구되지 않고, 각국 법에 우선하는 효력을 가진다. 특정일 또는 유럽연합 관보에 공포된 후 20일 후 효력을 발생한다.

유럽연합의 공동통상정책의 수단 적용절차는 적용(application), 협의(consultation), 조사(investigation), 결정(decision)의 4가지 절차로 나누어진다. 일반적으로 모든 절차는 산업 혹은 회원국의 사실주장에 따라 시작된다. 1995년 이후 무역장벽 규정으로 대체된 신통상정책수단의 적용과 반덤핑관세를 부과하기 위해서는 유럽산업 혹은 회원국의 사실입증이 필요하다. 어떤 경우라도 회원국 또는 산업체는 반드시 유럽연합 차원에서 보호주의 수단을 사용해야 할 정도의 위험이 존재하는지를 입증할 만한 자료를 유럽연합 집행위원회에 제출하여만 한다. 집행위원회는 가능한 모든 정보를 전체 회원국에게 전달한 후 다음 절차인 협의과정을 시작하게 된다. 협의는 회원국의 요청이나 집행위원회의 주도로 시작된다. 일반적으로 협의는 집행위원회 대표와 각 회원국들의 대표들로 구성된 자문위원회(Advisory Committee) 내에서 이루어진다. 협의기간 동안 집행위원회는 수입품과 수출품의 상황 및 기간을 논의하고 해당 국가를 비롯한 특정 상품과 관련된 경제 및 교역상태 전반을 평가한다. 협의과정의 마지막 단계에서 만약 집행위원회가 실질적 조사를 시작하기 전일지라도 공동체 전체의 이익을 위해 필요하다고 생각되면 특정한 기간 내에 정식적으로 관보상의 통보와 함께 조사절차가 진행된다.

실질적인 조사를 진행하는 제도적 기구로서 집행위원회는 행위자와 연관된 폭넓은 범위의 필요한 자료를 다양한 방식으로 수집한다. 특히 집행위원회는 조사에 필요한 협조 및 적합한 정보를 얻기 위해서 회원국들과의 긴밀한 협력과정을 거친다. 이후 필요하다고 판단될 시 집행위원회는 수입업자, 수출업자, 생산자, 중계인, 무역협회 및 무역기구에 대한 기록들을 검토하고 증거를 확보한다. 동시에 조사과정에서 이익집단들도 관련 사항들에 관한 정보를 제공함으로써 그들의 의견을 피력한다. 일반적으로 조사과정은 역외교역의 추세에 대한 검토를 포함한다. 따라서 집행위원회는 무역의 추세, 수출품 및 수입품 가격과 수량, 특정 상품으로 인해서 유럽의 생산업자가 받았거나 받을 가능성이 있는 피해의 정도, 재고, 시장점유율, 이윤, 가용능력, 자본의 회수, 현금 유·출입, 고용상태 등 다양한 경제적 요인들을 판단의 기준으로 이용한다. 이후 심각한 피해 가능성이 대두되면 유럽연합은 수출품의 증가 정도와 같은 요인들을 검토하고, 수출 원산지의 수출 능력을 조사한다.

덤핑평가의 경우 집행위원회는 역외국들로부터의 덤핑 수입품으로 인한 유럽산업이 실질적 피해사실을 증명해야만 한다. 덤핑사실을 결정하는 공식적 절차는 이사회 규정 No.2423 / 88에 따르며 규정에 입각하여 덤핑마진은 수출가격(export price)과 실제가격(normal price) 간의 비교를 통해 계산된다.125) 조사 완료 후 집행위원회는 조사 결과에 대한 보고서를 자문위원회에 제출한다. 결과에 따라 집행위원회는 절차의 종료를 결정하거나 정책수단의 형태를 결정해야만 한다. 만일 집행위원회의 결정으로 정책수단의 사용이 필요치 않다고 판단되면 일정기간 동안 집행위원들과의 협의 후 조사가 종료된다. 이 경우 집행위원회는 조사에 기초한 주요 결정사항을 관보를 통해 공지해야만 하며 조사만료의 이유를 설명하여야만 한다. 반대로 집행위원회가 역외교역으로부터 유럽연합의 이익을 보호하기 위한 특정조치가 필요하다고 판단하면 집행위원회는 국제의무 및 절차와 양립할 수 있는 적절한 정책수단들을 이사회에 제안한다. 이 경우 특정 정책수단이 유럽연합과 역외국들 간의 통상협정을 필요로 하는 것이라면 집행위원회는 이사회에게 협상에 필요한 권한을 집행위원회에 부여해 줄 것을 요청한다. 협상과정에서 정기적인 보고서와 정보가 유럽의회에 제출되지만 집행위원회가 반드시 유럽의회와의 협의과정을 거쳐야 하는 것은 아니다. 따라서 유럽연합의 정책수단과 관련된 결정 권한은 이사회가 보유하고 있다. 집행위원회는 정책수단과 관련한 결정을 내릴 권한이 없으며 의사결정도 반드시 133조 위원회와의 협의를 거쳐야만 한다. 집행위원회가 이사회에 제시한 적절한 정책수단은 토의 후 다수결로 결정된다.

반덤핑관세 부과 또는 긴급수입제한조치 등과 같은 정책영역은 집행위원회가 결정을 내릴 위임된 권한이 없으며, 다만 한정된 기간 동안 집행위원회 규정을 제정할 수 있다. 그리고 이사회는 사안 검토 이후 집행위의 결정사항을 다수결원칙에 따라서 확정, 수정 또는 파기할 수 있다. 만약 이사회가 주어진 기간 내에 어떠한 결정도 내리지 않는다면 집행위원회가 제안한 조치들은 무효로 간주된다. 그러나 긴급수입제한조치나 감시조치는 이사회가 최종 결정을 내릴 때까지 최대 3개월간 유효하다. 즉, 반덤핑조치와 관련해서 집행위원회는 관련된 수출업자에 의해 제안된 조치들을 승인하거나 관련 수입상품에 대한 잠정적인 관세를 부과하는 결정을 내릴 수 있다. 마지막으로 관련 사안에 대한 자세한 조사가 실시된 후 집행위원회가 제안한 조치들을 실시할지 여부를 이사회의 단순다수결에 의해 결정한다.

1. 주요 회원국들의 다양한 이해관계와 정책결정

정책결정과정에는 다양한 행위자들의 이해관계뿐만 아니라 회원국들의 이해관계도 포함되어 있다. 회원국들의 정책 선호는 개별국가의 특유한 경제구조 및 정치적 전통으로 인해 다를 수 있다. 회원국들의 공적인 위치는 프랑스, 이탈리아와 같은 보호주의적 무역성향을 띠는 국가로부터 독일을 비롯한 자유주의 무역을 선호하는 국가들까지 다양하다. 영국과 같은 국가들은 정책토론에서 타국가들과 비교했을 때 상당히 실용주의적 입장을 취하는 경향이 있다는 것은 잘 알려진 사실이다. 국제무역에 관해서 비슷한 시각을 갖고 있는 회원국들조차도 특정 정책수단에 대한 그들의 선호도가 항상 일치하는 것은 아니다. 사안에 따라서 여타 회원국들은 자유무역과 보호무역을 적절히 혼용하여 사용하곤 한다. 그들의 공식적 입장은 때로는 시기에 따라서 혹은 특정정책에 따라 수시로 변한다. 따라서 유럽연합의 회원국들이 국제교역을 보는 시각은 다양하다고 할 수 있으며, 이러한 다양한 시각은 통상정책결정과정에서 각기 다른 선호도로 표출된다.

독일은 개입주의적이고 보호주의적인 정책수단의 사용이 자국 및 유럽연합 전체의 산업경쟁력을 약화시킬 수 있다고 본다. 즉, 자유무역을 추구할 때만 그들의 경제가 성장할 것이라는 믿음을 갖고 있다. 독일정부는 비관세장벽과 같은 불필요한 무역정책수단은 제거되어야 한다고 주장한다. 전통적인 수출국으로서 독일의 자유무역에 대한 입장은 경제 및 산업 경쟁력에 있어서 그들의 자신감을 반영하고 있다고 볼 수 있다. 예를 들어 유치산업을 보호한다는 것은 미시적으로 보아서는 당연한 선택일지 모르나 일시적인 보호조치가 영속적일 수도 있으며 결국에는 산업혁신과 구조조정에 악영향을 끼치는 요소가 될 수도 있다는 것이다.126) 그러나 최근의 전 세계적인 석유위기를 비롯한 독일이 겪고 있는 경기침체는 비록 독일이 국제교역 자유화의 강한 주창자임에는 틀림이 없을지라도 독일 정부로 하여금 무역 및 산업문제에 개입주의적이고 보호주의적인 성향을 띠게 만들었다.

네덜란드와 덴마크 역시 국제무역에 있어 반드시 방어해야만 하는 특별한 이익이 걸려있는 문제가 아니라면 자유무역 원칙을 지지한다. 네덜란드는 유럽연합뿐만 아니라 역외국들도 이익을 확보할 수 있는 공동통상정책을 지지한다. 그러나 자국의 산업 또는 기업이 외국의 경쟁자들로부터 손해를 입게 된다고 판단될 때에는 자국의 이익 방어를 위해서 필립스와 같은 대기업이나 혹은 특정 산업을 보호하기 위한 보호주의 정책을 취하

는 것을 종종 볼 수 있다.127)

통상정책결정에 대한 영국의 공식적 입장은 실용주의적이다. 영국 정부는 역내시장의 형성을 환영하며 국가의 이익이 외국경쟁자에 의해서 심각하게 침해받을 경우를 제외하고는 일시적 보호주의에도 동의하지 않는다고 할 수 있다.128) 영국이 어떤 경우에는 자율수출규제조치처럼 보호주의적 정책을 지지하는 것 같지만 영국은 국제무역에 있어서 대체로 자유무역정책을 지지하는 입장이다. 더욱이 무역정책수단들을 마련함에 있어서도 영국정부는 고기술 산업과 같은 특정 산업분야에서 새로운 관리기법과 향상된 기술 습득을 위해 외국기업과의 협력 필요성을 강조한다. 그러므로 영국이 채택하고 있는 정책의 관점은 세계무역의 현 개방수준을 지지하는 경향이 있음을 알 수 있다.

반면, 프랑스는 국제무역자유화로 인한 혜택은 모든 국가에게 돌아가는 것은 아니며 경제적으로 강한 분야 혹은 국가에게 적합한 시스템이라고 주장한다. 프랑스 정부는 유럽연합 회원국들 간의 무역장벽을 낮추는 것에는 동의하지만 역외국들에게 역내시장으로의 접근을 허용하는 것에는 반대하는 입장이다. 1970년대 두 차례의 오일위기를 겪은 이후 프랑스는 유럽연합의 산업이 미국과 일본과 같이 경쟁력을 갖추기 위해서는 대규모의 공동투자가 이루어져야 한다고 주장했다. 동시에 역내장벽을 낮추는 것이 보호주의적 정책수단의 증가와 병행되어야 함을 주장했다. 따라서 프랑스는 국가수량제한 또는 국가보조금 지급과 같은 명백한 정책수단으로 특정산업 분야를 보호하고 지원해 왔다.129)

보호주의적인 태도는 다른 유럽연합 회원국에서도 발견할 수 있다. 예를 들어 이탈리아 정부는 노동집약적 산업과 같은 전통적인 제조업 분야를 지원하고 있으며 포르투갈은 다자간섬유협정체제 하에서 시장왜곡을 피하고 산업구조조정과정을 용이하게 하기 위해서 섬유 및 의류 산업에 대한 보다 폭넓은 보호를 요구했다.130) 또한 자율수출규제와 쿼터적용과 같은 국가수단을 적용함으로써 자동차 수입을 제한했다. 이처럼 이탈리아와 포르투갈은 집행위원회의 권고에도 불구하고 다른 회원국들보다 역외국으로부터의 수입품에 대해 쌍무적 무역제한조치를 적용하고 있다. 이와 비슷한 이유로 그리스와 아일랜드 역시 유럽연합의 무역정책결정에 있어서 보호주의적 성향을 지지하는 입장이다.131)

핀란드 역시 러시아로부터 독립한 1918년 이래 국내시장의 잠식을 우려해 외국인투자를 기피하는 경향을 보여 왔다. 핀란드는 1930년대에 외국인이 20% 이상을 소유한 기업들 모두를 공식적으로 '위험한' 기업으로 분류하는 법률을 도입했다. 결국 핀란드는 외국인 투자를 거의 받지 못했다. 핀란드는 1987년 관련 법규를 개정하여 외국인 소유 상한선을 40%로 완화했다. 그러나 모든 외국인 투자는 여전히 상공부의 승인 대상으로 남아 있었다. 핀란드에서 외국인 투자가 전면적으로 자유화된 것은 1993년의 일이었는데 이것도 1995년 유럽연합에 가입하기 위한 조치의 일환이었다.

이 외에도 유럽연합 회원국들이 앞에서는 개방을 외치면서도 뒤에서는 보호주의 장벽을 높이고 있다는 증거는 곳곳에서 나타난다. 특히 유럽연합의 지도적 위치에 있는 프랑스나 독일의 경우 정치적 이익을 고려하여 기업합병을 허용함으로써 경쟁을 제한하는 경우가 많았다. 예를 들면 1995년 독일의 대표적 버스제조회사인 메르세데스 벤츠(Mercedez-Benz)와 카스보허(Kassboher)사와의 합병이 유럽연합 집행위원회에 의해 승인된 것을 들 수 있다. 양대 회사의 시장점유율이 75%임에도 불구하고, 합병이 승인된 것은 경쟁원리보다는 독일의 노동시장 및 특정지역 경제를 고려한 정치적 결정의 결과였다. 또 다른 예는 프랑스 생수시장의 대표적 기업인 네슬레

(Nestle)와 페리에(Pettier)의 합병이 유럽연합 집행위원회에 의해 승인된 경우이다. 양 회사의 시장점유율이 60%에 달했음에도 불구하고, 승인된 것은 당시 마스트리히트조약 비준에 대한 국민투표를 앞두고 프랑스 국민들의 지지를 얻기 위한 집행위원회의 정치적 고려가 작용한 결과이다.

최근의 예로 프랑스는 11개 민감한 산업에 대한 외국 기업의 투자를 제한하는 법안을 마련해 2005년 말부터 시행에 들어갔다. 즉, 자국 기업의 보호를 위해 일부 분야에서 외국인 투자를 원천 봉쇄한 것이다. 독일은 폴크스바겐이 외국 기업에 인수·합병되는 것을 막기 위해 1960년 제정한 폴크스바겐 법을 둘러싸고 집행위원회와 갈등을 빚고 있으며, 유럽사법재판소는 이법의 정당성을 심리 중에 있다. 룩셈부르크 정부는 2006년 1월 자국 철강회사 아르셀로를 255억 달러에 인수하겠다는 인도 철강업체 미탈의 제안에 자국민이 해고될 것을 우려해 반대했다. 폴란드 역시 자국 은행과 외국은행의 인수합병의 방지를 추진하고 있다.

특히 1973년 유럽연합 가입 이후 고도성장한 아일랜드는 2001년 니스조약 때도 부결을 선택했고 2008년 6월 실시한 리스본조약도 부결을 선택했다. 이는 리스본조약이 소국인 아일랜드의 군사적 중립성과 유럽 내 영향력을 약화시키는 데다 유럽연합의 세제 단일화로 국내 세제가 타격을 받고 낙태, 매춘 등 사회문제를 일으킬 것이라는 데서 그 원인을 찾을 수 있다.[132] 이처럼 높은 실업률과 낮은 경제성장으로 고전하는 주요 회원국 정부가 경제 개방을 부추길 수 있는 개방 정책을 채택하기는 어려울 것이며, 보호주의 정책을 견제할 유일한 무기가 유럽사법재판소 제소뿐이라는 점도 유럽연합 내 보호주의 정책 확산에 기여하고 있다고 볼 수 있다.

비록 회원국들이 유럽연합 차원의 상호 협조에 의한 이익을 인정할지라도 회원국들 간에는 아직도 정책선호도의 차이점을 쉽게 발견할 수 있다.

통상정책수단의 사용에 대한 회원국간 갈등적 시각은 각료이사회와 같은 제도를 통해 어느 정도는 해결이 가능하다. 그러나 정책선호도의 상반된 관점은 의사결정을 지연시키는 결과를 가져온다. 결국 회원국들의 불완전시장하에서 무역기조 선택은 개별행위자의 목표와 국내 경기에 따라 변화하며 이는 공동통상정책에 상당한 영향을 주고 있다고 볼 수 있다.

2. 유럽연합 비관세장벽의 종류 및 활용 범위

관세율이 감소함에 따라 역외국 수입품으로부터의 유럽연합의 상품 및 산업을 보호하려는 주요 무역정책수단으로 비관세장벽이 발생하게 되었다. 1985년 집행위원회가 발간한 백서에는 유럽 국가들 간의 무역 거래 시 존재하는 비관세장벽에 관해 우려를 표명하였는데, 그 결과 1992년 단일시장프로그램에 유럽 역내시장의 완성을 위해 필요한 300여개의 수단이 제시되었다. 그러나 유럽단일시장프로그램은 유럽연합이 역외국들과의 대외통상관계 시 엄연히 존재하는 비관세장벽은 확인하지 않았고, 오히려 그 반대로 유럽의 역내시장 확대와 함께 비관세장벽의 수단들은 더욱 은밀해지고 교묘해졌다.

비관세장벽은 국제교역에서 아래와 같은 형태 중 하나를 취한다. 자발적 무역제한조치 혹은 이와 유사한 협정(voluntary restraints and similar arrangements), 수입라이센스(import licensing), 반덤핑과 반보조금 행위(anti-dumping and anti-subsidy actions), 원산지 증명(rules of origin), 차별적 공공입찰정책(discriminatory public policy), 생산품 표준화(product standards), 테스트와 증명서요구(testing and certification), 보건 및 환경규제(health and environmental regulations). 이와 같은 다양한 조치들은 정책결정자가 어떤 결정을 내릴지 갈피를 못 잡게 하는 동시에 비관세장벽을 분석하는 일이 쉽지 않은 일임을 보여준다. 따라서 유럽연합에 의해 활용되고 있는 주요 비관세장벽 수단의 개략적 검토만이 가능하다.

유럽연합은 케네디라운드의 반덤핑관세규정을 바탕으로 반덤핑제도를 1968년에 제정하였으나 1976년에 처음으로 이 규정을 사용했다. 반덤핑관세규정은 이사회 규정 No.459/68에 처음으로 명시되었고 수차례의 개정을 거쳐 현재의 이사회 규정 No.384/96에 이르렀으며, 이 규정은 GATT와 같은 국제기구의 반덤핑관련 규정, 특히 GATT 제6조[133])를 고려하였다. 집행위원회는 유럽의 반덤핑법에 관한 규정이 국제의무와 합치한다고 주장한다.[134]) 반덤핑관세는 단지 수입된 상품이 실제가격보다 낮을 때 부과할 수 있으며, 동시에 국내생산자에게 물질적 침해를 가할 우려가 있다고 판단될 때 부과할 수 있음을 명시하고 있다.[135])

수출국 기업이 덤핑을 행함으로써 국내산업에 실질적 피해를 초래하는 행위나 수출국 정부의 수출보조금 지급행위 등은 대표적인 불공정 통상행위에 해당한다. 따라서 국제무역상 위와 같은 불공정 통상행위를 규제하려는 노력은 제2차 세계대전 이후 GATT를 통해서 현실화되었다. 그리고 우루과이라운드가 타결된 직후 1994년 3월 7일 이사회 규정 no.2423/88은 반덤핑, 보조금 및 신통상정책수단 등의 통상방어수단과 관련된 제 규정이 이사회 규정 no.521/94 및 no.522/94에 의해 개정되었다.

1994년 12월 2일 이제까지 동일한 규정에 의해 규제되고 있던 반덤핑 및 보조금 지급행위는 개정된 WTO의 '반덤핑협정' 및 '보조금 및 상계관세협정'(Agreement on Subsidies and Countervailing Measures)에 의거하여 각각 개별적인 이사회 규정으로 분리·공표되었다. 즉, 후자에 대해서는, 유럽연합 비회원국에 의한 보조금의 대상이 된 소득에 대한 방어와 관련한 1994년 12월 22일자 규정 no.384/94가 채택·시행되고 있으며, 전자에 대해서는 이사회 규정 no.355 / 95 및 no.1251 / 95에 의해 개정되었다.

　이사회 규정 no.2423 / 88에 따르면, 집행위원회는 반덤핑 사례에 대한 조치를 취할 수 있는 제도적 권력을 갖는다. 만약 유럽의 산업이 보조금 지급 혹은 덤핑으로 인한 피해를 볼 위험성이 있는 경우 또는 명백한 피해를 입었다는 불만이 제기된다면, 이에 상응하는 조치에 앞서 우선 협의과정(consultation procedure)으로 나가게 된다. 자문협의회 개최 이후 집행위원회는 다음 단계를 결정한다. 이 과정에서 집행위원회는 덤핑 및 피해에 대한 기초조사를 실시한 후, 잠정관세를 부과한다. 그러나 덤핑 수출이 이루어지고 산업피해를 초래하였다고 해서 반드시 반덤핑관세가 부과되는 것은 아니며 역내 생산자, 수요자, 소비자 등의 이익을 종합적으로 고려한 공동체 전체의 이익과 상충되는 것인지를 판단한다.

　그리고 만약 어떠한 덤핑 관련 피해에 대한 증거가 발견되지 않는다면 조치를 철회할 수 있는 권한은 집행위원회에 있다. 적절한 조치가 필요하다고 생각되면 집행위원회는 단순다수결 투표로 확정관세를 결정하는 제안서를 이사회에 제출한다. 일반적인 경우, 유럽연합의 반덤핑관세와 상계관세는 실시 5년 이후 효력을 만료한다. 집행위원회를 포함해서 반덤핑 행위를 담당하는 기관 및 역할을 정리하면 다음의 〈표 4〉와 같다.

　그런데 유럽연합 보조금규정과 관련하여서는 다음과 같은 의문이 제기된다. WTO 보조금협정은 보조금을 금지보조금, 조치가능보조금, 허용보조금으로 구분하여 각각의 경우에 따른 해당요건 및 구제수단을 규정하고 있다. 하지만 유럽연합 보조금규정은 WTO 보조금협정상의 금지보조금에 관한 내용과 특정성 요건에 관한 내용만을 통합하여 제3조에서 '상계 가능한 보조금'(countervailable subsidies)이라는 명칭으로 규정하고 있다. 즉, 유럽연합 보조금규정 체제는 WTO 보조금협정상의 조치가능보조금에 관한 내용, 특히 WTO 보조금협정 제5조 '부정적 효과'(adverse effects), WTO 보조금협정 제6조 '심각한 손상'(serious prejudice)과 관련한 요건을 규정하고 있지 않다.

▶ 표 4: 덤핑행위 규제 담당기구

기 구	역 할
집행위원회	동 기관은 유럽연합의 반덤핑정책을 수행하는 데 있어 가장 중요한 기관인 동시에 상당한 자유재량권을 향유하고 있다. 절차의 개시, 진행 및 종료 등의 본안 절차과정은 물론 재심사, 부당하게 징수한 반덤핑관세의 환급, 조치의 임시연기 등에도 관여한다.
각료이사회	이사회는 집행위원회의 제안 후에 확정 조치를 채택할 수 있다. 이사회는 위원회에 의해 부과된 잠정 반덤핑관세에 대해서 상이한 결정을 내릴 수 있으며, 확정 반덤핑관세는 이사회의 결정에 의해서만 부과할 수 있다. 중요한 사실은 유럽연합의 현 반덤핑규정에서는 반덤핑위원회의 협의 후 위원회의 제안에 관하여 이사회는 단순다수결로 확정 반덤핑관세를 부과한다.
유럽사법재판소	유럽사법재판소는 유럽공동체 설립조약에 의거한 법규 및 제 기구에 의해 제정된 규정을 해석하고 적용할 책임이 있다. 그러나 유럽연합은 사법기관의 중요성에도 불구하고 반덤핑법규는 사법재판소에 관한한 어떠한 규정도 두고 있지 않다.
일심재판소	이는 단일유럽의정서 제168-A조에 기하여 설립된 사법재판소의 하급법원이다. 일심재판소는 제 조약의 결정 88/591에 의해 한정된 권한을 행사한다. 즉, 일심재판소의 권한은 사법재판소로부터 부여되며 제 기구는 부수적인 권한을 행사한다.
반덤핑위원회	동 위원회는 각 회원국들의 대표들로 구성되어 있으며 반덤핑 절차상 협의 단계에서 중요한 역할을 담당한다. 위원회는 의장의 소집에 의해 회합을 가지며, 가장 빠른 시일 내에 회합과 관련된 모든 유용한 정보를 각 회원국에게 통보하여야 한다. ⅰ) 덤핑 존재 및 덤핑 마진 산정에 필요한 방법 ⅱ) 피해의 존재 및 중요성 ⅲ) 덤핑 대상이 되는 수입과 피해 간의 인과관계 등에 대해서는 집행위원회는 반드시 반덤핑위원회의 자문을 구해야 한다. 그러므로 반덤핑위원회는 집행위원회에 의해 내려진 부당한 결정에 대해 통제권을 행사할 수 있다고 볼 수 있다.

* 출처: 채형복, 『EU반덤핑법』(서울: 지산, 2000), pp. 58-63.

WTO 보조금협정 제5조(부정적 효과)는 특정성이 있는 보조금의 사용을 통하여 다른 회원국의 이익에 부정적 효과를 초래해서는 아니 된다고 규정하고 있으며, WTO 보조금협정 제6조는 제5조의 요건 중 '다른 회원국의 이익에 대한 심각한 손상'에 관하여 구체적인 요건을 두고 있다. 제6조 1항은 심각한 손상이 존재하지 아니하는 것으로 판정되는 경우를 규정하고 있다. 이에 반해 제6조 3항 이하는 심각한 손상의 실질 발생여부를 판단하는 기준을 규정하고 있다. 그러나 유럽연합 보조금규정은 이러한 규정을 두지 않고 공동체 산업이 입은 피해의 판정(제10조) 부분에서 일반적인 요건을 고려하여 이러한 효과를 판단하고 있다. 그러나 이러한 내용은 WTO 보조금협정 제15조(피해의 판정)의 내용을 근거로 규정한 것이지 WTO 보조금협정 제5조와 제6조와는 직접적인 연관은 없다.

비록 WTO 보조금협정 제6조의 심각한 손상을 판단하는 기준 중 제6조 1항은 WTO 보조금협정 발효일로부터 5년 동안만 적용되는 한시적인 규정이므로 2001년 1월 1일 만료되었지만,136) 제6조 3항 이하의 조항은 아직도 존재하고 있는 규정이다. 특히 회원국의 세계시장의 점유율을 이전 3년간의 평균 점유율과 비교하여 심각한 손상을 판단하도록 하는 조항 (제6조 3항(d)), 보조금으로 인하여 수출을 배제 또는 방해하는 효과가 나타나는 경우 '상대적인 시장점유율의 변화'(change in relative shares of the market)137)를 제시하도록 하는 조항(제6조 4항)에 관한 규정 등은 심각한 손상여부를 입증함에 있어서 계량화된 수치를 근거 자료로 제시할 수 있는 요건이다.

문제는 WTO 보조금협정상의 금지보조금에 해당하는 경우에는 국내산업에 의해 야기된 피해는 입증하지 않더라도 금지보조금의 존재 그 자체만으로 협의 및 대항조치를 취할 수 있다는 점이다.138) WTO 보조금협정은 금지보조금의 구제절차와 조치가능보조금의 구제절차를 별도로 규정하고 있으며, 그 기한도 상이하다는 점에서 두 개의 제도는 독립적인 존재 의의가 있다고 볼 수 있다. 이와 같은 관점에서 볼 때 유럽연합 보조금 규정이 WTO협정 제5조 및 제6조에 관한 내용을 반영하지 않는 것은 각 회원국 법률을 WTO협정에 부합하게 운영하여야 하는 회원국의 의무를 위반한 것이라 할 수 있다.

➡ 표 5 : WTO 보조금 협정의 구제절차 기간

절 차	금지보조금	조치가능보조금
합의요청 후 협의 개시	빠른 시간 내에	
패널 설치요청	30일 이후	30일 이후
패널설치 및 위임사항 결정	WTO분쟁해결기구(DSB: Dispute Settlement Body) 회부 즉시 패널설치	DSB 회부 즉시 패널설치 (패널설치 15일 이내 위임사항 결정)
패널보고서 배포	90일 이내	120일 이내
상소보고서 제출	30일(최대 60일)	60일(최대 90일)
상소기구의 DSB 채택	20일 이내 (패널보고서의 경우 30일 이내)	

* 출처: WTO www.wto.org

유럽연합의 반덤핑관세와 상계관세 부과 건수는 1980년과 1990년 사이 400여 건이 접수되었고, 900개의 결정이 내려졌으며 동 기간 동안 확정관세 또는 1년에 평균 14건의 가격관련 약속이 이루어졌다.[139] 1995년부터 2004년 사이 유럽연합의 상계관세와 관련된 WTO의 조사는 42건이 실시되었으며 상계관세 조치는 21건이 이루어졌다. 따라서 WTO에 제출된 보고서는 유럽연합의 크기에 비해 사례의 수가 그렇게 많은 것은 아니라는 것이고, 유럽연합의 무역행위의 본성이 '자유주의적'(liberal)임을 증명하는 것이라는 논리를 편다. 보고서는 더 나아가 유럽연합의 반덤핑조치가 4가지 관점에서 다른 국가들보다 자유주의적이라는 주장을 하고 있다. 첫째, 부과된 반덤핑관세의 총액이 덤핑으로 인한 역외국의 실질적 수익보다 낮다는 것, 둘째, 반덤핑조사는 가격보장 약속을 받아들임으로써 종결된다는 점, 셋째, 다양한 이익집단들에 대한 고려가 실질적 조치 전에 고려된다는 점, 넷째, 반덤핑조치들은 단지 제한된 기간(5년) 동안에만 효력을 발생한다는 점 등이다.140) 결국 반덤핑조치는 역외국들의 불공정 무역관행으로부터 유럽연합의 이익을 방어하기 위한 필요조치로 간주된다.

힌들리(Hindley)는 유럽연합의 반덤핑조치의 적용이 공정하다고 판단할 수 있는 근거가 없다고 주장한다. 왜냐하면 유럽연합은 '왜곡'(distortion)과 '조작'(manipulation)에 의해 정책의 객관성을 잃고 있기 때문이라는 것이다.141) 생산물의 일반적 가치가 수출가격보다 비쌀 때 덤핑이 일어난다. 그러나 유럽연합은 덤핑이익 계산 시 기술적 조작을 함으로써 반덤핑법을 남용한다는 것이다. 그 첫 번째 조작은 집행위원회가 상품의 평균가격을 계산할 때 나타난다.

비록 상품이 시장상황에 따른 가격변동에 민감할지라도, 집행위는 덤핑조사 시 수출업자의 국내가격 중 가장 낮은 세일 시의 가격을 포함시키지 않는다. 이와 같이 모든 수출세일가격은 모두 덤핑으로 본다는 점이다. 결과적으로 수출가격은 국내시장가보다 항상 낮을 것이며, 정상가격은 국내시장가격의 평균보다 항상 높다. 이를 집행위원회는 계산된 수출가격이 계산된 정상가격보다 반드시 낮아야만 하기 때문에 '덤핑'의 경우라고 쉽게 결정 내릴 수 있는 것이다. 게다가 가격계산과 관련해서도 이루어지는데, 상품은 제조업자의 협력업체인 판매대행사를 통해서 팔리기 때문에 공장도가격(ex-factory prices)과 판매가격(sale prices) 간에는 광고비 혹은 간접비와 같은 비용 발생으로 인한 가격차이가 존재한다. 그럼에도 불구하고 집행위원회가 가격을 계산할 때는 국내시장가격으로부터 간접비를 빼고 계산을 하는 것이 아니라 수출가격으로부터 위에 언급한 간접비용을 빼고 계산을 한다. 따라서 수출상품은 대부분 덤핑으로 보일 수밖에 없다.

두 번째 무시할 만한(negligible) 수입량의 적용의 불합리성이다. WTO 반덤핑 협정은 미소마진 기준을 2%로, 무시할 만한 수입량을 동종 물품 수입량의 3%(국가 간 합계는 7%) 이하로 규정하고 있는 데 반해, 유럽연합 반덤핑규정은 미소마진 기준은 2%로 동일하나, 무시할 만한 수입량은 시장점유율의 1%(국가 간 합계는 3%) 이하로 규정하고 있다. 따라서 수입량은 3% 미만이나 시장점유율이 1% 이상인 품목에 대해 WTO 규정과 유럽연합 규정 간에 적용모순이 발생한다는 점을 지적한다.

가격계산상의 불공정한 방법 및 수단에 대한 비합리성과 불투명성에 대한 비판과 함께, 힌들리는 집행위원회가 덤핑수입으로 인한 물질적 손해 정도를 계산하는 데도 구체적 규정이 없기 때문에 스스로 '침해'(injury) 정도를 결정하는 것에 대해서도 비난한다.142) 따라서 유럽연합의 반덤핑정책은 항상 불공정한 무역행위에 대한 대응으로서 역외국에 집행하는 것은 아니라는 결론을 내릴 수 있으며, 오히려 다자간 무역체제의 본질에 위배되는 유럽연합 산업을 위한 보호주의적 정책도구로서 자주 이용되고 있다는 해석이 정확하다.

이상과 같은 유럽연합의 반덤핑관세 조치가 비회원국들로 하여금 유럽 단일시장의 탄생을 보호주의장벽을 더욱 강화시키는 방편으로 판단하게끔 만든 이유를 정리해 보면 첫째, 덤핑마진(Margin of Dumping)을 계산하는 방법상에 문제, 둘째, 유럽연합의 수출가격(Export Price)을 계산 방식의 문제, 셋째, 어떤 제품의 국내가격(Domestic Price)이 존재하지 않으면 그 제품의 정상가격을 산출하는 과정이 복잡하여 실수할 확률이 매우 높다. 마지막으로, 유럽연합 내의 어떤 생산자가 한 비회원국들로부터의 값싼 수입품 때문에 피해를 보고 있다는 사실을 증명한다는 것은 매우 주관적이라 할 수 있다. 즉, 몬타곤(Montagon)143)이 주장하듯이 반덤핑조치는 처음에는 단지 가격왜곡을 방지하기 위한 것이었으나, 시간이 흐름에 따라 유럽연합은 그 목적을 간과하고 이를 지나치게 남용하고 있다고 볼 수 있다.

3. 유럽 도시간 협력정책: 신비관세장벽

최근 유럽연합은 공동체차원의 경쟁력 강화와 함께 역내 지역도시들 간의 새로운 관계설정을 요구하고 있다. 이에 유로시티144) 참가도시들 중 12개의 도시들이 협력하여 책임 있는 구매를 통한 혜택을 생산자와 소비자가 함께 누리자는 취지의 유럽도시간 연합이 CARPE(CARPE: Cities as Responsible Purchasers in Europe) 프로젝트이다. 이러한 CARPE 프로젝트는 국가-지역간 협력모델 구축의 시간적 제약과 하향적(top-down) 접근방식에서 벗어나 지역-지역간 경쟁력 강화 또는 지역발전과 혁신을 위한 제도적 장치마련이라는 목표를 설정하고 있다. 이러한 CARPE 프로젝트는 대유럽연합 수출방식을 바꿔야 할지도 모르는 중요한 이슈이다.

책임 있는 조달정책을 추진하고자 처음으로 유럽차원에서 실시되고 있는 CARPE 프로젝트에 참여하고 있는 도시들은 파리(Paris)를 비롯하여, 스톡홀름(Stockholm), 세비아(Seville), 브뤼셀(Brussels), 리옹(Lyon), 낭트(Nantes), 빌바오(Bilbao), 본(Bonn), 비엔나(Vienna), 바르셀로나(Barcelona), 릴르(Lille), 오슬로(Oslo) 등 12개 도시이다. 책임 있는 소비를 위한 차별화된 도시를 만들자는 CARPE 프로젝트는 유럽의 도시들이 의식 있는 소비자가 되어야만 한다는 사실을 깨닫게 하고 이를 전 세계에 확산시키고자 하는 목표를 갖고 있다.

유럽연합은 1988년 집행위원회가 구조정책 분야에서 '동반자 원칙'(partnership principle)을 확립한 이후 다층적 통치(Multi-level Governance)가 진행됨에 따라 예산 및 책임이 지역적 차원으로 상당부분 이전되었다. 그 결과 유럽연합의 선도도시들(pioneer cities)로부터 다양한 다층적 통치의 특징을 발견할 수 있다. 하나의 예로 이들 선도도시들은 도시차원에서 스스로 책임 있는 구매결정을 하고자 다음과 같은 사항을 고려한 조달 원칙 및 규범을 마련했다. 첫 번째는 환경 친화적(green) 상품의 구매, 두 번째는 윤리적(ethical) 상품의 구매, 세 번째는 사회적(social) 상품의 구매145)이다.

책임 있는 구매의 목적은 공공구매 결정과 관련한 환경적, 윤리적, 사회적 정책을 통합하는데 있다. 책임 있는 구매정책을 실행함으로써 공공기관들은 필요한 물품, 서비스, 공공사업에 필요한 자재를 구입할 때 가치가 부가된 상품을 구입하는 것이 장기적 관점에서 보면 이익이라는 사실을 인식하게 된다. 또한 도시들은 책임 있는 구매를 통해서 환경적, 윤리적, 사회적 정책목표의 복잡한 범위를 규정할 수 있다.

사실상 사회적 구매는 공공기관이 오랫동안 사회정책들을 지원하기 위하여 사용해 온 전통적인 경제적 도구이다. 그러던 것이 오늘날에 와서는 국제무역협약의 확산, 무역자유화, 반보호주의(anti-protectionism)에 대한 규정과 함께 구매 관련 사회적 조항이 비관세장벽으로 작용하기 시작하였다. 윤리적 혹은 사회적 구매로 인한 금전적 이익을 수량화하기도 어렵지만 문제는 윤리적 혹은 사회적 구매에 대한 고려가 비관세장벽으로 작동하는지 여부를 증명해내기가 쉽지 않다는데 있다.

1) 환경적 구매(Environmental Procurement)

파리시의 공공사업 발주 및 수행은 엄격한 환경적 기준을 충족한 업체에 한정된다. 파리시가 발주한 공공사업에 입찰하는 회사들은 반드시 입찰 단계부터 공사완료 시점까지 엄격한 규정을 준수하여야만 한다. 파리시와 공급계약을 맺은 사업자는 나무보호, 소음방지, 환경 친화적 자재사용, 규정에 따른 노동자 훈련 등 반드시 환경 관련 규정을 준수해야만 한다. 파리시는 이를 위해 실행규정 준수를 감독할 기술위원회를 설립하였다. 규정을 준수하지 않을 경우 파리시와 공급자간의 계약은 파기될 수 있으며 계약자는 향후 입찰에 참여할 수가 없다. 이 기준은 2005년 이후 CARPE 프로젝트에 참여하고 있는 12개 도시 전체에 적용되었다.

오슬로와 브뤼셀 시는 환경 친화적 연료를 사용하는 운송수단(vehicles)의 공동구매 추진했다. 시의 운송수단 구입과 관련하여 환경적 고려(CO_2 최대 배출량)를 차량구입의 제1순위로 두자 기술적 세부규정과 선택범위(운송수단의 폐기와 관련한 기업들의 서비스)가 통합될 수 있었다. 이로 인해 시당국은 10~50%의 금전적 이득을 보전할 수 있었다. 오슬로와 브뤼셀시의 영향으로 이전 부서별로 분산구매를 실시하던 때와는 달리, 현재는 CARPE 프로젝트 가입도시 전체가 청정 운송수단의 공동구매를 실시하고 있다.

브뤼셀의 경우 재충전 배터리의 구매는 조달, 환경, 재경부의 업무협조를 필요로 했다. 특히 고가의 재충전 배터리를 구매할 경우 기술적인 표준이 필요했으며 여기에 더해서 재충전 배터리를 사용한 부서에는 보상책을 마련해주어야만 했다. 그 결과 부서 간 통합된 기술적 표준이 마련되었고 시의 전체 부서에서 재충전 배터리의 사용이 일상화되었다. 이후 재충전 배터리의 수명과 구입비용간의 관계를 조사해 본 결과 재충전 배터리의 구매는 2년 정도의 기간이 지나면 비용 면에서 상쇄가 가능한 것으로 나타났다. 이에 따라 브뤼셀 시는 연간 2,340 유로의 절감 효과가 발생하였고 더 이상의 일반 배터리를 구입하지 않게 되었다.

세비야시의 환경 친화상품의 구매는 도시 에너지 절약정책의 일환으로 채택된 수단들 가운데 하나였다. 세비야 시는 효율적 에너지 사용과 관련해서 시의회는 시 전체의 가로등과 시의회 빌딩에 대한 에너지 최적화 계획(energy optimization plan)을 수립했다. 이후 세부계획에 따라 도시의 모든 교통신호에 LED-진공관 기술을 적용하고 의회빌딩에 효율성을 고려한 환경 친화적 전구의 교체를 실시하였다. 구입비용은 전체적으로 에너지 절약 효과에 의해 상쇄될 것이 기대되었고 도시는 에너지 소비 비용을 18% 이상 감소할 수 있었다.

바르셀로나시의 'Green Office' 프로그램은 일상생활에서 환경 친화적 상품의 사용을 목표로 삼아 모든 시공무원을 비롯한 피고용인들에게 환경 친화적 상품에 대한 인식을 확산시켰다. 바르셀로나 시는 Green Office Guide라는 책자를 12,000명의 공무원들에게 배포하였고, 여기에 환경 친화적 상품구매에 관한 교육과정과 일반적 환경을 우선시한 계약 방법, 목재 및 재활용 종이 등 상품의 구매요령에 대한 지침을 명기하였다.

최근 스톡홀름 시의 조달국은 환경보호국과 함께 환경선언문(Environmental Declaration)을 만들었고 모든 조달에 대한 환경성 분석을 수행하기 위한 모델을 개발하였다.146) 이어 각각의 구매를 환경기준에 맞춰 분석하는 과정이 수행되었는데 각각의 분석결과는 구매를 한 해당부서에 다른 정보들과 함께 통합적으로 제공되었다. 이는 시의 구매정책이 유럽연합 공공조달정책이 요구하는 사항과 부합된다는 것을 의미한다. 현재 스톡홀름시의 입찰에 참여하는 모든 공급자들은 그들의 제품 또는 서비스의 환경적 측면을 입증하는 환경선언을 제출해야만 한다. 시의 연간제품과 서비스 구매는 최소 10억불에 달하는 큰 시장으로서, 환경 친화적인 제품과 서비스에 대한 수요창출로 구매를 환경 친화적인 방향으로 유도할 수 있게 되었다.147)

책임 있는 구매를 통한 혜택을 생산자와 소비자가 함께 누리자는 취지의 유럽도시간 연합인 CARPE 프로젝트의 목표는 자연 관리와 주민의 삶의 질 향상에 있다. 생태순환 지역사회(community of eco-cycle)를 지향하는 과정에서 인간의 기본적인 수요를 충족시키면서 구매양식의 변화를 통해 에너지소비와 자원사용형태를 바꿔보자는 것이다. 즉, 구매에 대한 요구사항을 반영해서 환경적, 윤리적, 사회적 제품의 비중을 고려한 개발을 촉진하는 것이 CARPE 프로젝트의 목표 중 하나라고 할 수 있다. CARPE 프로젝트에 참여하고 있는 12개 도시들의 조달국은 현재 다양한 공급자들로부터 300여개가 넘는 협약을 체결하고 있으며, 이 모든 협약에서 환경적, 윤리적, 사회적 측면이 고려된다.

CARPE 프로젝트가 탄생한 2005년에는 대부분의 공급자들이 참여 도시가 정한 조건을 거의 이해하지 못했으며, 제품을 환경 친화적으로 바꾸는데 드는 개발비 증가를 우려했다. 또한 생산자들이 완성제품의 성분공개와 제조방법이 공개되어지는 것을 꺼린다는 이유 때문에 시당국이 어려움을 겪었다. 그러나 동시에 그들의 서비스와 제품을 조기에 환경 친화적으로 바꾸는 것이 장기적으로는 이득이라는 것을 깨달은 중소기업의 수가 늘어났으며, 이들 기업들은 환경 친화적 전략으로 상당한 시장점유율을 차지한 것으로 나타났다. 따라서 과거에 소비자들에게 익숙한 제품들이 폐기되어야만 했고 상품의 종류가 축소되었다.148)

2) 윤리적 구매(Ethical Procurement)

유럽연합의 지침들은 구매절차에 대해 윤리적 기준을 제시하지는 않는다. 그러므로 유럽사법재판소의 판결로부터 참조할 만한 사례는 아직 없다. 따라서 공공계약에 공정 무역을 포함하는 법률의 해석에는 서로 다른 의견이 있을 수 있다. 윤리적 기준은 확연히 눈이 띠거나 구입한 상품의 성격을 반영하지는 않지만 공급형태를 바꿀 수도 있는 상당히 중요한 이슈이다. 기술적 설명, 선택 범주, 보상의 범위를 정하는데 계약 대상과의 연관성을 증명해내기가 어려울 수도 있다. 계약 관청은 계약 대상자에게 계약 이행서에 따른 ILO규정을 준수하라고 요구할 수는 있지만 그것이 서비스와 공공사업 계약에만 적용이 되는지 혹은 계약이 구매한 제품이 만들어지는 공정에도 적용되는지가 분명치 않다.149) 그러나 일반적으로 공급 계약의 규모는 유럽연합이 제시한 공정무역과 윤리적 부문의 준수와 밀접한 연관이 있다. 비록 얼마나 명확한 윤리적 기준이 계약서에 포함되어야 하는지에 대한 기준은 없지만, 유럽연합이 정한 무역 원칙을 존중해야만 한다는 의미이다.150)

예를 들면 지방관청이 운영하는 자판기와 매점은 이를 이용하는 소비자들에게 공정무역을 통해 구입한 상품에 대해 높은 가격으로 판매가 가능하다. 그러나 지방관청은 공정무역을 통해 제공된 상품의 가격 때문에 불이익을 당하지는 않는다. 일반적으로 지방관청이 운영하는 자판기와 매점은 재하청에 의해서 운영되고 공공구매 규칙을 반드시 준수해야할 필요는 없다. 서비스 제공자가 공정무역 상품을 제공하든지 안 하든지는 그들의 결정에 달린 것이다. 다만 계약당국은 공정무역상품을 판매하는 서비스 제공자에게는 인센티브를 줄 수 있다. 이로 인해 높아진 가격은 직접적으로 최종 소비자에게 부과할 수 있기 때문이다.

바르셀로나, 본, 리옹 시는 목재를 구입하고자 할 때 도시가 제시한 조건을 만족시키는 특정 환경 하에서 자란 목재를 구입하자는 정책에 합의했다. 이 세 도시들은 목재를 공급하는 계약자에게 목재의 원산지를 증명하는 표시를 반드시 요청하는 것에 동의했다. 이에 목재 공급자는 Forest Stewardship Council과 같은 공인된 기관의 보증서를 반드시 첨부해야만 한다. 바르셀로나 시에서는 환경과 관련이 있는 입찰자들의 정보가 데이터베이스화되고 생산과정의 사회적 측면이 보상단계에서 분석이 된다. 입찰자의 제안서는 입증이 가능한 산림관리 차원에서 요구하는 기준에 엄격하게 부합되어야 한다. 바르셀로나 시는 이와 같은 조건을 충족한 업체와만 목재계약을 체결하는 것을 원칙으로 한다. 목재의 용도는 주로 시청 장례식, 관(coffins) 구입, 공원 조경, 벤치, 문을 포함한 도시외곽지역의 나무로 만든 연단 등을 위해 사용된다.

리옹에서는 공공사업과 공공 서비스 계약서에 기술적 규정을 요구한다. 기술적 규정에 따라 목재 공급계약자는 어떤 열대성 목재를 사용했는지를 입증할 수 있는 증명서를 제출하여야만 한다. 리옹시가 이 정책을 프랑스의 다른 지역의 도시들과 협력하기로 결정함에 따라 프랑스에서는 목재와 관련한 환경증명서(eco-certification)의 네트워크가 탄생하게 되었다. 한편, 본 시의 열대성 목재 구매부서는 직접 공사장에서 목재의 검사를 시행한다. 본의 연간 목재구입액은 200,000유로이다. 이 외에도 본에서는 또한 공정무역으로 거래된 커피에 대한 소비를 늘리기 위해 보상범위를 이용한다. 보상범위란 본 시민들에게 공정무역상품에 대해 도시가 직접 홍보를 지원하는 것이다. 예를 들면 도시축제기간 동안 제공된 사탕, 과자 등은 공정무역제공자(fair trade providers)가 공급한다. 시민들 또한 본에서만 독점적으로 구매가 가능한 공정무역커피라는 상표가 붙은 'Bonn Coffee'를 살 수 있다.

　비슷한 보상범위가 채택된 빌바오 시는 크리스마스 기간 동안 시공무원을 비롯한 시에서 고용한 사람들에게 공정무역상품들을 담은 광주리를 나누어 준다. 광주리 안에는 공정무역상품들과 함께 구매방법 및 혜택을 적은 기술적 설명서를 포함시켜 공정무역 상품을 홍보하고 있다. 빌바오 시는 이와 함께 빌바오에서 구입가능한 공정무역상품의 리스트를 만들어서 제품 홍보를 대행해주고 있다. 그 결과 약 2,300 이상의 가구들이 공정무역상품의 판매처에 대한 정보를 얻을 수 있었고 이들 상품의 구매가 가능해졌다.

　한편, 본, 뮌헨, 오슬로 시는 선도적으로 아동들의 노동에 의해 생산된 제품 구매에 반대(clauses against child labour)하는 결정을 채택하였다. 14세 이하 아동의 노동 금지를 규정한 ILO협약 138조에 따라 계약자들은 그들의 공급망을 관리할 책임이 있다. 계약자들은 서비스를 포함한 공공사업에 필요한 상품들이 아동들의 노동 착취에 의해서 만들어지지 않은 상품임을 입증할 자료가 요구된다. 따라서 이들 시와 공급계약을 체결한 계약자들은 현재 상품이 어린이들의 노동력을 이용함으로써 제조된 상품이 아니라는 것을 증명하거나 제품의 생산자를 반드시 명기해야만 한다. 이러한 조항은 공급계약에 삽입될 뿐만 아니라 계약자의 하청 구매계약서에도 명시해야만 한다.151)

3) 사회적 구매(Social Procurement)

　최근 영국 정부는 'Small Business Friendly Concordat' 프로그램을 마련하였다. 이는 중소기업들과 지방관청간의 효율적 거래를 조장하는데 목적이 있다. 영국의 주요 도시를 비롯한 지방관청은 사회적 기업들의 목록을 만들어 이들의 주소를 웹사이트에 올림으로써 상기 프로그램을 후

원하고 있다.152) CARPE 프로젝트 참여도시는 아니지만 영국의 노팅햄(Nottingham) 시는 2002년부터 노팅햄 시청이 발주하는 건설공사에 '노동자 고용과 훈련을 위한 실행법'(Code of Practice for Employment & Training)을 적용한다. 이 법은 기본적으로 노동시장의 변화에 따른 실업자 수를 줄이기 위한 방법의 일환으로 지방관청과 건설산업체 간의 파트너십으로 이루어져 있다. 노팅햄 시청이 발주하는 관급공사를 수주하기 위해서는 시청이 부여한 코드가 있는 업체만이 입찰에 응할 수 있다. 시청에 협력업체로 등록되고 공사수주를 희망하는 업체는 반드시 코드를 신청해야만 한다. 또한 지방고용서비스(the local employment service)를 통해서 실업자들에게 직업을 제공하고 직업훈련 및 교육기회를 제공한다는 광고를 해야만 한다.

조만간 CARPE 프로젝트에 참여가 예상되는 영국의 셰필드(Sheffield) 시 또한 최근 공공구매를 통해서 사회적 기업들에게 수주기회를 확대시키는 정책을 채택했다. 이 정책은 사회적 기업이 최상의 가치를 실현할 수 있도록 기회를 제공하는데 목적이 있다. 사회적 기업은 지역의 일자리를 제공하고, 특히 불이익을 당하는 개인 및 집단에게 고용기회를 제공하는 것을 포함한다. 셰필드 시청은 주택투자계약과 관련한 입찰 업체에게 매력적인 이웃을 만들 것이라는 약속뿐만 아니라, 그들이 어떻게 사회적 기업들과 중소기업들 간의 파트너십을 맺고 작업을 수행할 것인지를 서면으로 제출하도록 요청하고 있다.153)

스톡홀름 시는 2002년 이래로 공공사업에 있어서 동등한 기회제공의 원칙을 모든 사업영역으로 확대 적용하고 있다. 그 결과 2005년에는 비차별법 조항이 10억 유로를 넘는 서비스 사업, 관급공사로까지 확대되었다. 스톡홀름 시는 비차별법 조항의 확대해석으로 계약기간동안 언제라도 계약자가 그들의 법률적 의무사항을 준수여부를 확인할 권리를 갖는다. 특히 스톡홀름 시는 기업들에게 계약의 기본조항에 업무수행조건으로 성, 종교, 인종, 성적 선호, 기능적 장애, 민족적 차별을 금지할 것을 요청한다. 기업이 이러한 요구를 준수하지 못할 경우 도시는 계약을 파기할 권리를 갖는다.154)

이와 같이 CARPE 프로젝트에 참여한 시당국을 필두로 하여 유럽의 대도시들과 계약을 맺는 기업은 사회적 조건들을 적시한 계약서를 제출해야만 하는 것으로 계약조건이 바뀌고 있다. 계약서에는 적정한 임금 지불 약속, 연금과 유급휴가, 임시휴가 기간 등과 같은 사회적 조건들을 준수할 것임이 명시되어야만 한다. 더 나아가 정해진 노동시간, 초과 근무시간 제한 및 초과 임금 지급, 휴가 및 휴일에 대한 권리, 사회보장에 대한 권리, 건강 복지, 안전하고 쾌적한 노동환경, 안전에 관한 권리와 같은 노동환경에 주의를 기울 것에 동의해야한다. 파업권 역시 인정되어야하며 아동 노동도 효과적으로 금지할 수 있는 항목이 반드시 있어야만 한다.

국제무역을 바라보는 관점들이 때로는 정책결정과정에서 고려할 수 있는 정책수단의 범위를 결정한다. 정책결정자는 대체로 자유무역으로 인한 잠재적 이익을 인정한다. 최근 유럽연합은 역외국들과의 자유무역협정을 확대하고 있다. 유럽연합 회원국들의 보호주의적 행위는 타국으로부터의 무역보복을 불러일으킬 가능성이 크며 정치적 측면에서도 유럽연합의 이익과는 상반되는 방향으로 나아갈 수도 있다. 이를 막기 위한 수단으로 유럽연합은 대외적 장치인 공동통상정책의 범위를 확대했다. 유럽연합이 통상정책수단을 마련한다는 것은 정책결정자가 정책수단의 사용에 따른 이익뿐만 아니라 교역 상대국에 미치는 영향력도 함께 고려해야함을 의미한다. 유럽연합은 거대한 지역블록으로서 세계 교역에 상당한 영향을 끼친다. 따라서 그들의 무역정책 및 무역행위는 역외 무역상대국들과의 사소한 무역분쟁에도 쉽게 연루될 가능성이 있다.

한편, 유럽연합은 대외적 장치인 공동통상정책의 구축과 함께 대내적으로 도시들의 소비관행을 변화시킴으로서 공동체차원의 경쟁력 강화와 함께 역내 지역도시들 간의 새로운 관계설정을 요구하고 있다. 그 수단 중 하나가 유로시티 참가도시들 중 12개의 도시들이 협력하여 책임 있는 구매를 통한 혜택을 생산자와 소비자가 함께 누리자는 취지의 유럽도시 간 공동조달정책인 CARPE 프로젝트이다. CARPE 프로젝트는 국가-지역 간 협력모델 구축의 시간적 제약과 하향적 접근방식에서 벗어나 지역-지역간 경쟁력 강화 또는 지역발전과 혁신을 위한 제도적 장치라 할 수 있다.

책임 있는 구매의 목적은 공공구매 결정과 관련한 환경적, 윤리적, 사회적 정책을 통합하는데 있다. 사실상 사회적 구매는 공공기관이 오랫동안 사회정책들을 지원하기 위하여 사용해 온 전통적인 경제적 도구이다. 그러던 것이 오늘날에 와서는 국제무역협약의 확산, 무역자유화, 반보호주의에 대한 규정과 함께 구매 관련 사회적 조항이 비관세장벽으로 작용하기 시작한 것이다. 그러나 문제는 윤리적 혹은 사회적 구매에 대한 고려를 증명해내기가 쉽지 않다는데 있다. 따라서 CARPE 프로젝트는 상술한 기본 취지와는 다르게 역외 국가들에 대해 일정 수준 비관세장벽으로 작용할 것이 분명해 보인다.

제6장

유럽적 행위자: 초국적 기업

앞서의 논의는 보호주의적 성격을 띠는 공동통상정책의 정책결정과정에 영향을 주는 주요 요인에 관련된 것이었다. 그러나 어떤 요인이 타 요인에 비해 더 큰 영향력을 행사하는지는 불분명하다. 이번 장에서는 정책결정과정에서의 실질적 권력관계를 형성하고 있는 초국적기업을 비롯한 유럽적 행위자의 개입과정을 검토한다. 우선 공식적 행위자와 유럽적 행위자의 이익 추구행위가 초국적 차원에서 가능하게 된 원인을 분석하고, 이후 정책결정과정에서의 권력을 행사하는 공식적 행위자와 비공식적 행위자의 관계형성과정을 분석한다.

제1절 | 기업과 정부의 밀착

1970년대와 1980년대의 전 세계적인 경제여파로 인해 비관세장벽의 확대와 국가우선주의는 무역전환 효과를 낳았다. 이로 인해 유럽의 무역장벽에 대해서 역외국들의 불만이 쏟아지기 시작했다. 한편, 1980년대 중반 이후 확산된 역내공동시장 프로젝트에 대한 기대는 유럽연합을 지탱하는 힘이었다. 한슨(Hanson)은 제도적 규칙들로 인해 국가차원의 보호수단을 회복시키기는 점점 힘들어질 것이며, 자유주의 정책으로 나아가는 것만이 유럽경제를 회복시킬 수 있을 것이라는 의견을 피력하였다. 그는 또 역내공동시장 프로젝트가 공식적으로 보호된 시장을 성공적으로 자유화시킬 것이며, 이는 무역창출효과를 가져올 것이라고 주장했다.155) 이에 집행위원회는 회원국들의 저항을 무마시키기 위한 수단으로 초국적기업들과의 새로운 형태의 협력관계를 구축했다.156) 그 결과 유럽의 초국적기업들의 수는 기하급수적으로 늘게 되었다.

특히 유럽연합은 2003년 3월 리스본에서 특별 정상회의를 개최하여 "세계경제의 글로벌화와 지식기반경제(a new knowledge-driven economy)를 도약의 기회"로 활용하여 향후 10년간 세계에서 "가장 경쟁력이 있고 역동적인 지식기반경제"가 되기 위해 지속 가능한 성장, 고용확대, 유럽연합 통합 가속화라는 전략적인 목표를 설정하고 이를 위한 세부적인 방안을 제시하였다. 집행위원회는 동 기업정책에서 기업가 정신의 고양, 혁신과 변화 지향적 환경조성, 상품 및 서비스 시장접근 지원, 중소기업 지원을 주요 내용으로 제시하면서, 동 정책의 목표를 기업가적, 혁신적, 개방적인 유럽이라고 표현하였다. 유럽연합의 기업정책분야는 중소기업정책, 기업 예산지원 정책, 단일시장을 통한 산업의 경쟁력 강화 정책으로 나누어지며, 전통적으로 중소기업정책이 상대적으로 강조되어 오다가 2000년 리스본 선언 이후 대기업을 비롯하여 산업 전반의 경쟁력 강화가 보다 중시되는 경향을 보인다.

중요한 것은 유럽에 본부를 둔 초국적기업들이 미국 기업에 필적할 수 있는 능력을 갖추게 되었다는 것이다. 유럽은 이제 초국적기업 분야에서 미국에 뒤지지 않을 뿐만 아니라 중소기업의 수도 미국보다 많다. 미국의 비즈니스 업계는 중소기업이 미국 경제의 중추라고 말하고 있지만 실제로는 중소기업이 미국보다 유럽연합이 훨씬 많다. 현재 중소기업은 유럽연합 전체 고용인구의 2/3를 떠맡고 있는 반면 미국은 46%를 차지하고 있다.157) 중소기업들은 산업공단과 협동조합 등 넓은 네트워크를 통해 자원과 인력을 공유함으로써 수익성에서 대기업에 뒤지지 않는다. 규모의 경제가 주는 혜택을 최대한 이용하는 동시에 소규모 사업에서 유리한 혁신성과 융통성을 살리는 것이다.

1980년대 이후 기업로비의 본질도 상당히 변했다. 이것은 유럽연합의 제도 변화에 기인한 것이기도 하다. 초국적기업들과 산업집단들은 특히 마스트리히트조약의 초안이 작성되는 동안 집행위원들과의 밀접한 유대관계를 유지했다. 산업체 대표들은 유럽경제인원탁회의를 통해 집행위원장과 정기적 모임을 가졌고, 다양한 유럽연합 프로그램의 공동원칙에 합의했다.158) 회원국 관료들과 비교해 보았을 때 집행위원들은 상대적으로 '기업 지원'(business constituency)을 선언할 수가 있었다. 그 결과 기업-정부간 관계의 유럽화가 형성되었다. 유럽차원에서의 독특한 기업-정부간 관계의 형성은 비공식적 정치제도의 형성이었다.

1. 범대서양기업회의

기업-정부간 관계의 유럽화는 전통적인 국내정부-기업 간 관계에 상당한 영향을 미쳤다. 그 분명한 사례는 '범대서양기업회의'(TABD: Transatlantic Business Dialogue)를 통해 분석이 가능하다. 범대서양기업회는 대외무역 문제와 관련해서 유럽차원에서 발생하는 기업-정부 관련 문제 해결의 중재자로서의 역할을 담당했었다. 예를 들어 국가 분야별 협의체로 잘 알려진 '국가산업협의체'(NIAs: National Industry Association)는 GATT 협상에서 유럽차원의 정책을 만드는 데 회원국 정부와 동등한 협상위치를 차지했었다.

  범대서양기업회의는 외부교역에 있어서 '국가산업별 협의체'의 지위를 대체하고자 하는 목적에서 기업-정부 관계의 새로운 형태로 탄생하였다. 기업 대 기업 협의체이기도 한 범대서양기업회의는 유럽의 기업들, 집행위원회, 미국의 기업들, 그리고 미국 정부가 비관세장벽 제거를 목적으로 설립된 4자 회담의 성격을 지녔다. 유럽의 대기업들은 집행위원회와의 밀접한 관계를 배경으로 자문절차와 로비를 강화함으로써 유럽연합-미국 간의 협상에서 그들의 지위를 선점하고자 스스로를 조직화했다. 게다가 대기업들은 새로운 유럽차원의 기업-정부 관계를 촉진시킴으로써 국내차원에 머물던 그들의 로비 수준을 유럽차원으로 이동시켰다.

  범대서양기업회의란 개념은 미국 통상국의 로널드 브라운(Ronald Brown)이 1994년 브뤼셀 연설부터 공식적으로 사용하게 되었다. 미국 정부는 처음에는 경제적 이유, 즉, 산업체 및 기업이 보다 적극적으로 세계경제 활성화 계획에 동참해 주기를 희망하는 의도에서 범대서양기업회의를 제안했다. 반면, 유럽연합의 집행위원회와 유럽의 주요 기업들은 정치적 목적으로 이 제안에 관심을 갖게 되었다. 특히 회원국 정부와 기업총수들은 냉전 이후 미국이 정책적으로 유럽에 비해 동아시아와의 경제적 연계를 더욱 중시하는 것을 우려했다. 곧이어 미국 상무부와 유럽연합 집행위원회는 각각 두 명의 기업 대표와 비관세장벽 철폐와 규제개혁에 관해 논의했다. 이후 범대서양기업회의는 1995년 스페인의 세빌리아(Seville)에서 70개 이상의 제안을 문서화하면서부터 공식과정으로 자리잡게 되었다. 절차에 따라 집행위원회 관리들과 유럽의 기업대표들은 범대서양기업회의 이슈그룹 내에서 함께 작업을 수행하게 되었으며, 자유무역을 가로막는 장애요인을 제거하는 방안을 제안하고 입증하기 위해서 표준위원회를 설치하기

에 이르렀다.159)

범대서양기업회의는 유럽의 기업들과 집행위원회 간의 새로운 관계정립에 상당한 기여를 했다. 집행위원회는 미국의 '생산자연합'(NAM: National Association of Manufacturers) 또는 유럽의 기업정상 협의체인 '산업 및 고용 협의체'(UNICE: the Union of Industrial and Employer's Confederation)와 같은 전형적인 산업협의회가 아닌 반드시 주요 대기업 총수들이 주도하는 기업회의를 열자는 미국의 의견에 동의했다. 범대서양기업회의의 대부분의 기업들은 1992년 프로젝트를 주창하고 발전시키기 위해서 조직된 유럽경제인원탁회의 소속 기업들이었다.160) 이런 점에서 범대서양기업회의의 기업-정부간 관계의 유럽화는 범대서양 혹은 전 지구적 세계화에 의해 강한 영향을 받았다기보다 유럽통합 초창기 계획들의 연장선상에 있다고 하겠다.

2. 기업-정부간 관계의 유럽화

기업-정부간 관계의 유럽화는 다양한 방법으로 국내의 기업-정부간 관계에 영향을 주었다. 첫째, 가장 큰 경제 행위자가 국내정부나 국가산업별협의회를 통하지 않고 직접적으로 집행위원회에 그들의 의견을 피력함으로써 국내 기업-정부간의 관계는 점차 중요성을 상실하게 되었다. 둘째, 집행위원회에 직접의견 표명으로 정부를 대표하는 국가산업별협의체의 권위가 상실되었다. 따라서 대기업들은 효과적으로 국내 기업가협의회를 우회할 수 있었다. 게다가 대기업들은 그들의 지위에 관해서 논의하기 위해 국가정부와 직접 협상을 시도했다. 그 결과 국가산업협의체의 국내지위는 더욱 하락했다. 셋째, 이와 같은 유럽 대기업들의 범대서양기업회의 참여는 기업과 기업연합체 간의 책임의 분리라는 전통적인 개념을 무너뜨렸다.

역외교역 문제와 관련해서는 범대서양기업회의 이전에는 유럽차원의 의미 있는 기업-정부간의 관계가 설정되어 있지 않았다. 유럽통합 초기부터 집행위원회는 무역협상과정에서 의미상 단일 협상자의 역할을 수행하여 왔다. 집행위원회의 역할 및 권한에도 불구하고 과거 우루과이라운드 기간 동안에도 집행위원회와 기업가집단들 간에는 협상을 위한 공식적인 절차가 부재했다. 따라서 유럽의 기업정상협의체인 산업 및 고용협의체가 WTO 협상에서 공식적 발언을 했다. 그러나 이 협의체는 집행위원회의 어떠한 자문도 구하지 않았다. 단지 그들의 역할은 국내수준에서의 기업 간 유기적 협력수준에 불과했다.161) 한편, 국가산업협의체는 공동통상정책에서의 기업 이익의 주요 조정자로서의 역할을 담당하였다. 즉, 국내정부관리들에게 기업의 입장을 설명하고, 정부와 기업이 선호하는 내용을 집행위원회에 통보하는 역할을 수행하였다.

새로운 기업-정부 관계는 처음부터 쉽게 형성된 것이 아니었다. 그 원인은 첫째, 대기업의 총수들은 국제무역 이슈에 대한 국제무역과 관련된 사안들을 위한 로비를 해본 경험이 거의 없었다. 수년 동안 국내차원에서 이와 같은 역할을 담당한 것은 국가산업협의체였다. 따라서 기업 대표들은 다양한 국제협정 및 절차 그리고 미국을 상대로 정치적 해결책을 찾는 방법을 배워야만 했다. 둘째, 유럽연합의 대외문제를 책임지는 총국은 무역협상에 대한 전 지구적 접근에 신중을 기해야만 했다. 즉, 그들은 과거 환경 집단, 노동자 집단을 포함해서 사회의 전반적인 이익에만 관심을 기울였었다. 그러나 집행위원회의 관리들은 무역협상과정에서 기업의 이익을 최우선적으로 고려해야만 하는 정책을 범대서양기업회의에서 채택해야만 했다.

집행위원회와 기업 간의 밀월관계는 스페인 세빌리아 회담에서 분명하게 드러났다. 기업들이 무역사안에 따른 전문가들을 확보하고 훈련시켰다.

이에 대외관계 담당 총국은 범대서양기업회의에서 접촉할 행위자의 명단을 확보하고, 기업들은 이 명단을 기초로 특정 범대서양기업회의 관련 문제를 책임지고 있는 집행위원회의 담당자에게 전달하고, 그들과의 주기적인 만남을 지속했다. 시간이 흐름에 따라 기업과 집행위원들과의 만남은 일상적인 것이 되었고 기업-정부 관계의 유럽화가 자리잡게 되었다.162)

앞서 언급한 바와 같이 범대서양기업회의는 기업-정부 관계에 새로운 변화를 가져왔다. 범대서양기업회의의 설립은 공동통상정책에도 새로운 변수로 등장하게 되었다. 범대서양기업회의는 산업 및 고용협의체를 대신해서 유럽차원의 기업이익의 대변자로서 집행위원회의 우선협상 대상자가 되었다. 따라서 국가산업협의체는 단지 범대서양기업회의 다양한 목소리 가운데 단지 한 목소리로 그 지위가 하락하게 되었다. 게다가 유럽기업을 대변하던 지위는 범대서양기업회의에서의 개인기업의 지위가 향상됨에 따라 더욱 약화되었다. 결국 범대서양기업회의 기업-정부간의 관계는 국내와 유럽차원 양쪽 모두에서 찾아볼 수 있었던 이익대표협의체를 전통적인 기업-정부간의 형태를 변형시켰다.163)

정부에 기업의 이익을 전달하는 다양한 행위자가 있다는 점에서 범대서양기업회의는 관료정치모델이 상정한 다원주의적 성격을 띠고 있다고 할 수 있다. 그러나 범대서양기업회의 과정에서 대기업들과 집행위원회 간의 밀접한 관계 형성 노력은 오히려 엘리트주의에 가깝다고 할 수 있다. 왜냐하면 거대한 초국적기업들은 집행위원회 공무원들에게 로비를 했고, 그들의 이익을 증대시키기 위해서 고급 관리들과의 밀접한 관계를 유지했다. 이는 단지 그들의 관심 사항을 집행위원회에게 전달하는 수준에 그친 것이 아니었다. 초국적기업들은 정책결정에 앞선 우선적 접근 가능성이라는 선점적 지위를 이용했다.

유럽연합의 통합과정은 전통적인 국민국가 단위의 정치질서를 넘어 분화된 이슈를 중심으로 공적 및 사적 행위자가 참여하는 정책과정과 레짐이다. 그러나 사적 행위자의 선호와 조직화는 다원주의 정치체제 내 이익집단의 영향력과는 다른 차원에서 이해해야 한다. 왜냐하면 사적 행위자의 공동체 참여는 정책레짐에 따라 분절화되며 초국적 기구와 복잡한 수직·수평적 연계구조를 형성하므로 특정의 조직 원리로 규정할 수 없다. 즉, 사적 행위자들의 이익과 조직화는 다수준의 정책과정과 이익 분포에 따른 종속변수로 이해해야 한다.164)

▶ 표 6: 다층적 협상 모델

	다층 분야별	분야별	기업
유럽 차원	-유럽차원의 사회적 협약에 기초한 협상 -거시경제 조정의 참여	-집단협상정책의 조정 -유럽차원의 사회적 협약 사회적 대화	-유럽차원의 협상 개입 -유럽직장협의회
국가 차원	-국가차원의 사회적 협약에 기초한 협상	-종합적, 분야별 협상	-국내기업별 협상
기업 차원			-기업/생산시설단위 협상

* 출처: Jon Erik Dølvik, "EMU: Implications for Industrial Relations and Collective Bargaining in Europe," Discussion and Working Papers, Berkeley, April 2000, p. 49.

한편, 〈표 6〉의 다층적 협상 모델서 보듯이, 기업과 분야별 협상은 각기 다른 형태로 진행된다. 이를 통해 노동조합은 유럽차원의 사회적 협약뿐만 아니라 일국수준의 조합주의적 합의를 선호하는 반면에, 산업이익을 추구하는 초국적기업은 통합된 시장에서 동종사업 간의 연대를 통해 초국가 기구로 영향력 확대를 강화한다는 것을 추론할 수 있다. 특히 초국적기업을 포함한 대기업들은 기업수준의 협약과 산업 내 연합을 통해 초국가와 국가로의 다층적 침투경로를 마련한다. 이들은 조직의 유연성을 바탕으로 동일기업 내에서도 노사 양측이 각 지사별 혹은 각 국가 간 차별화된 전략과 함께 중앙집권화된 기업수준의 협약을 병행 추구한다.

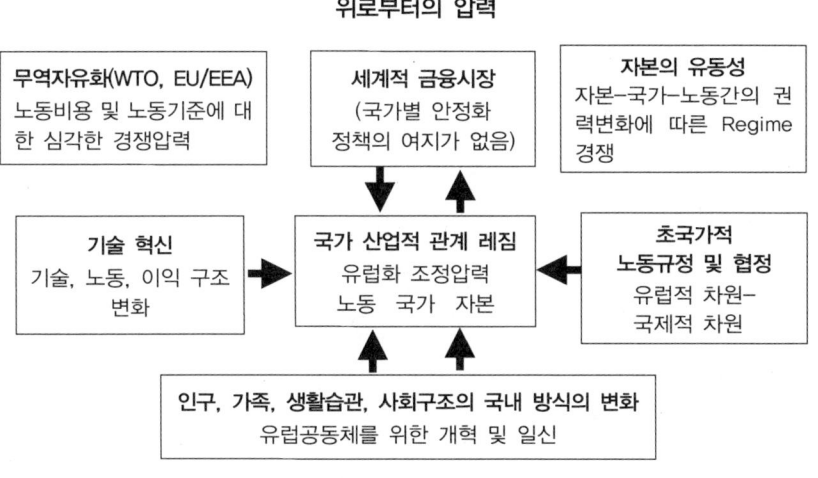

* 출처: Jon Erik Dølvik, European Trade Unions: Coping with Globalization? Presented at ETUC Conference on "Globalization, Europe and trade Unions," Brussels 7-8 March 2001.

〈그림 1〉 세계화에 따른 국내구조 및 사회적 변화

이익집단 행위자들의 초국적 침투는 이사회를 통한 우회적 정책참여와 집행위원회와의 연계를 목적으로 목표로 삼는다. 그러나 이사회의 경우 폐쇄적 정책결정구조이므로 이익집단의 의사반영이 원천적으로 제한된다. 반면, 집행위원회는 이익집단을 기능적 요구에 부합하는 행위자로 간

주하기 때문에 양측 간에는 이슈 중심의 유연한 네트워크를 기반으로 한 관계가 제도화 된다.165)

제2절 | 다양한 행위자들 간의 지속적 경쟁과 협상

유럽연합의 무역정책수단은 정책결정과정에 참여하는 다양한 행위자들 간의 지속적인 경쟁 및 협상의 결과이다. 이 과정에서 행위자의 역할은 그들의 이익과는 부합되지 않을 수도 있다. 특히, 관료, 정치인, 이익집단은 유럽연합의 통상정책결정에 있어서 주요 행위자이며 회원국들은 정책결정과정에서 그들의 다양한 정책선호도를 반영하게 된다. 행위자들의 경쟁적 이익확보 노력은 공동통상정책형성에 상당한 영향을 미친다.

무역정책결정은 결정과정에 참여하는 주요 행위자들 간의 지속적이고 복잡한 협상과정을 거친다. 다양한 행위자들은 외부교역에 따른 이해관계의 상이함 때문에 특정 정책수단을 각기 그들의 시각에서 바라본다. 일반적으로 관료, 정치인, 이익집단들이라는 세 부류의 행위자들이 국가차원과 유럽차원에서 무역정책결정을 하는 주요 행위자라고 할 수 있다.

1. 정치적 행위자

메설린(Messerlin)이 주장하듯이 관료들은 그들에게 부과된 제도적 범주 내에서 행정적인 업무를 수행한다고 볼 수 있다. 그러나 합리적 정책결정모델 관점과는 달리 국가 내 제도에 따른 관료의 역할 및 범위는 다양하며, 관료는 국제무역에서 자국산업의 보호 수준을 결정하는 데 있어서 가장 중요한 영향력을 행사하는 행위자이다.166) 또한 다원주의자들의 주장하는 것과 같이 피상적으로 관료의 역할은 사적 이익들 간의 경쟁을 중재하는 것이라고 할 수 있다. 그러나 관료들 역시 퇴직 후의 사적 이익에 민감하다. 관료들은 무역정책결정과정에 제한된 영역에서만 권력 행사가 가능하며 동시에 그들은 그들에게 부과된 업무를 처리하는 데 필요한 수단이 한정되어 있다.

결국 관료들은 그들과 연관된 산업분야를 지원함에 있어서 특정한 정책수단을 제안함으로써 그들의 행정력을 증대시키려 한다. 따라서 만약 산업이 역외의 생산업자들과 심각한 경쟁에 직면하게 되거나 산업의 규모가 관료의 권한과 밀접한 연관이 있다면, 관료들은 수입경쟁산업에 종사하는 인구의 실질적 수입과 고용수준을 유지하기 위해서 특정 보호장치들을 마련한다. 결국 관료들은 정책수단의 소유를 그들의 행정력 확대를 위한 수단으로 이용할 수 있다.

반면, 대중의 신뢰와 권위를 등에 업고 무역정책을 결정할 수 있는 행위자는 정치가라 할 수 있다. 이는 의사결정자로서의 정치인이 역외교역과 관련된 법을 입안하고 규정을 제정할 권력을 보유하고 있다는 것을 의미한다. 정치인의 기본적인 이해관계는 선거민들로부터 지원을 받아 선거에 승리할 수 있는 기회의 폭을 넓히는 데 있다.[167] 따라서 선거에서의 승리는 정책결정과정에서의 정치인 혹은 집권정당으로 하여금 효과적인 권력 행사를 가능케 한다.

한센(Hansen)은 "정치인들은 선거 혹은 보호된 산업으로부터의 기부금과 같이 정치적 이익이 소비자들에게 부과된 가격인상으로 인해 정치적 손상을 입게 되는 경우보다 클 경우에는 특정 산업보호 결정을 내린다."는 점을 지적한다.[168] 즉, 유럽연합의 회원국 정부는 몇 년 후에 있을 다음 선거에 초점을 맞춘다. 이와 같은 단기적 목표는 이익집단을 지원하게 되고 그들의 선거결과에 직접적 영향을 미칠 수 있는 결정은 집행위원회의 몫으로 남겨둔다. 왜냐하면 집행위원회의 지시라는 말은 자국민 설득의 유용한 도구이기 때문이다. 그러나 만약 정치인이 정책결과가 수입분배에 심각한 문제를 발생시킬 가능성 때문에 효과적인 정책수단을 생산할 수 없다면 그때는 그들의 영향력을 증대시키기 위해서 일반 대중들과의 계약과 같은 다른 정책수단을 고려해야만 한다. 이와 같은 맥락에서 보면 정치인들은 무역정책결정에 있어서 관료들보다 선택의 폭이 크다고 할 수 있겠다.169)

그리고 집행위원회 조직구성의 핵심은 대부분의 집행위원이 각국의 정치적 영향력이 있는 고위 정치인 중에서 선발된다는 점이다. 이들이 국적을 배제한 초국가 기구의 관료이지만 향후 자국의 정계 복귀를 염두에 둔다면 임기 중 자국 행정부 및 소속 정당, 그리고 이익집단으로부터 완전히 자유로울 수는 없다. 그러므로 소속 국가에 영향을 미치는 이슈의 경우 집행위원들이 비공식적인 영향력을 행사할 개연성이 높아진다.

거대한 유럽연합체제에 집행위원회의 영향력과 집행위원의 국적이라는 변수가 의사결정에 미치는 영향을 조직의 구조라는 측면에서 살펴보면 이는 더욱 분명해진다. 집행위원회는 독특한 구조를 갖고 있다. 일반적으로 국제기구도 사무국이 있지만 이들 기구의 사무국은 집행위원회의 사무국처럼 독특한 정치적 기능을 수행하지 않는다. 그러나 집행위원회를 국가정부와 비교한다면 그것은 상당히 유사한 기능을 수행하고 있다고 볼 수 있다. 예를 들면 유럽연합의 집행위원들을 비롯한 고위 관료들은 국가정부와 마찬가지로 정치인 집단으로 구성되어 있다. 집행위원회가 국가기관들과 비교해 볼 때 상당히 유력한 행위자인 것을 빼고는 집행위원회가 처리하는 업무 역시 개별국가기관에 부과된 업무와 상당히 유사하다.

귤릭(Gulick)은 조직이라는 단위 내에서 수평적 임무 분배는 지역, 목표, 기능, 의뢰인에 대한 충성 등에 따라 분류가 가능하다고 주장한다. 만약 조직 또는 체제가 지역에 따라 특화된다면 각각의 영역이 하나의 조직적 단위임을 의미하는 것이다. 이 경우 구조는 체제의 지역적 구성일 뿐이며 지역에 따른 균열이 관심의 대상이 된다. 반면, 목적원칙에 따른 조직구조는 의사결정 행위자들 간에 분야별 범위확대를 예상할 수 있으며 영토 단위를 넘어선 정책표준화를 기대할 수 있다. 기능원칙에 따른 조직구조는 목표달성을 위한 기능별 업무 분배, 즉, 예산, 기획, 인사 등 부서별 전문성을 의미한다.170)

페퍼(Pfeffer)의 조직구조의 인구통계학적 분석을 통해 의사결정과정에 영향을 미치는 인사과정을 강조한다. 만약 조직의 구조가 부서 인사이동이 없는 직원들로 구성되어 있다면 조직 구성원들의 배경의 중요성은 그다지 크지 않다고 할 수 있다. 이 경우 평생직업 또는 직장의 형태가 신입직원의 재사회화 내지는 재제도화를 조성할 수도 있다. 즉, 제도화는 조직에 중요한 성격이 부과되었을 때 이루어진다.171) 조직의 제도화란 시각에서 모든 기관들은 조직이다. 그러나 모든 조직이 기관인 것은 아니다. 셀즈닉(Selznick)은 제도화 과정은 필연적으로 시간의 축적이 요구됨을 지적한다. 즉, 조직은 점차 비공식적 규범과 실행과정에 의해서 더욱 복잡해진다. 진정한 기관이 되기 위해서는 조직은 임무수행에 가치가 주입되어야만 한다.172)

의사결정과정은 의제를 제안하고 실행하는 단계를 포함한다. 공식적 결정과정을 관료정치모델의 설명에 따라 해석하면 집행위원회를 지역의 이익, 즉, 회원국들의 이익을 대변하는 하나의 부서라는 해석이 가능하다. 회원국 정부가 유관부서의 직원 후보자를 지명하므로 모든 집행위원들의 직위는 영속적인 것이 아니며, 그들은 자국민의 이익을 우선시할 가능성이 높다.

2. 집행위원과 관료정치

집행위원회는 정치·행정기관의 속성을 모두 갖추고 있다. 그러나 이것이 행정적인 분야에서 표명한 의사결정과정이 항상 정치적 중요성을 내포하고 있다는 의미는 아니다. 집행위원회 내부에는 상당수의 공무원들이 존재하며, 조직의 상위에 위치해 있는 집행위원이라는 정치지도자의 통제를 받고 있다. 이는 국제기구의 그것과는 전혀 다르다고 할 수 있다. 국제조직의 비서국은 단지 행정적 업무를 처리하는 부서로 구성되어 있다. 반면, 집행위원들은 국가정부 대표와 동격으로 행정 분야는 국가관료주의 형태와 비슷하게 운영된다.

특히 지속적 논쟁의 가능성이 있는 집행위원회의 안건처리와 관련해서는 의사결정이 하위 행위자들에 의해 이루어진 적이 거의 없으며 문제해결책을 찾기 위해서는 항상 최고위 정치단계까지 올라간다. 만약 문제가 이러한 방법으로도 해결점을 찾지 못한다면 드물지만 투표라는 형식을 빌리게 된다. 이 경우 집행위원장을 비롯한 모든 집행위원들은 동등한 한 표를 행사하게 되며 단순과반수에 의해 최종 결정에 이른다. 집행위원들은 의사결정에 이른바 집단적 책임을 진다. 이것이 타 조직 구성원에 비해 집행위원이 상대적으로 중요성을 갖는 이유이다.

집행위원장의 역할은 여러 측면에서 지속적인 성장을 해왔다. 집행위원 임명권한을 비롯하여 임기동안 집행위원들이 책임지고 있는 부서개편을 비롯한 서기국(Secretariat-General)[173] 직원 및 집행위원을 해고를 할 수 있는 권리를 갖고 있다. 비록 집행위원들이 하나 이상의 총국을 책임지는 것으로 지정되었을지라도 집행위원 모두가 총국에 대한 책임을 진다고 볼 수 있다. 임무 수행에 있어 집행위원들은 집행위원회 외부의 지시를 받지 않는다. 그러나 유럽연합의 행정은 주로 '목적' 원칙과 '기능' 원칙에 따라 특화되므로 조직과정모델의 설명과는 달리 조직의 구조가 집행위원들 간의 정체성과 기능적 목적 간에 갈등을 야기한다는 것을 쉽게 예상할 수 있다.174)

집행위원장 선출과정의 중요한 정치적 행위자는 유럽선거에 있어서 주요 행위자인 동시에 이사회 구성원인 회원국 정부의 지도자와 유럽의회 의원들이다. 이러한 행위자들은 재선이라는 특정한 정치적 목표를 갖고 있다. 그러나 목표달성을 위한 이들의 능력은 두 가지 요인에 의해 감소된다. 즉, 경쟁행위자(정당)들의 전략적 행위와 제도적 제약이다. 예를 들면 어떤 지도자가 그들의 목표달성에 좀 더 유리할 것인가를 선택하는 제도에 의해서도 제약받는다. 회원국 정부의 행위자들은 '집권'과 '공공정책'이라는 이중의 목표를 추구한다. 이러한 목표달성은 유럽연합 차원이라기보다 국가차원에서 가능한 것이다. 말하자면 의료, 교육, 주택문제와 같은 공공정책 및 공공지출은 여전히 회원국 정부가 통제하고 있다. 게다가 대중매체의 초점은 여전히 유럽연합의 집행위원에게 맞춰진다기보다 회원국 집권당에게 맞춰져 있다.

집행위원장직은 여전히 부차적인 중요성을 갖는다. 단지 그것은 정부의 재집권 가능성에 도움이 될 경우 혹은 재집권이 방해받을 경우에만 회원국 정당지도자들에게 중요한 의미를 갖는다. 그러므로 집행위원장 선출과정이 의미하는 것은 유럽의회가 집행위원장 선거에 영향을 미칠 수 있음에 상관없이, 회원국 정당들은 유럽의회 선거를 하나의 국내 선거에서의 재집권의 맥락으로만 인식한다는 것이다. 즉, 회원국 정당들은 우선적으로 재집권이 목표이기 때문에 유럽선거를 회원국 국내 선거와 마찬가지로 유권자가 집권정당에 반대 혹은 찬성표를 던질 것인가를 미리 파악하기 위한 기회로서 이용한다고 볼 수 있다. 특히 야당 대표들은 유럽선거를 집권여당에 대한 반대의 목소리를 규합하기 위한 기회로 삼는다.

회원국 정당들의 목표는 재집권과 공공정책이므로 유럽연합의 정책의제가 회원국 정부의 선택과 부합하는 집행위원장이 선출되기를 희망한다. 집행위원장의 정치적 영향력이 집권세력의 정치적 영향력보다 약하기 때문에 집권당은 단순히 동일한 정책의제를 갖고 있는 집행위원장 선출로 인해 정부의 재집권 기회를 상실할 수는 없다. 이와 같은 이유로 집권과 정책목표 간의 교환은 새로운 집행위원장 선출과정에서 중요한 의미를 갖는다.

보통은 의사결정자들 간의 물리적 근접성이 집단의식을 공유한다. 집행위원회의 집단적 정체의식은 프로디(Prodi)가 집행위원장으로 있을 때부터 강화되기 시작하였다. 그럼에도 불구하고 집행위원들의 공식적 임명은 회원국 정부로부터 이루어진다는 사실에는 변함이 없다. 집행위원들의 지명에 앞서 회원국 정부로부터의 집행위원장 후보자에 대한 동의가 요구되며, 이를 통해 선출된 집행위원장은 임기 내 그의 팀을 구성할 진정한 권리를 확보하게 된다. 과거와는 달리 암스테르담조약 이후에는 적어도 표면상으로는 집행위원장이 회원국 정부로부터 추천된 집행위원 후보자를 거부할 수 있으며 집행위원들의 부서 배치 권한을 갖고 있다. 그러나 이러한 사실이 집행위원 구성에 있어서의 회원국의 역할감소라고는 볼 수 없다.

한편, 유럽의회는 집행위원의 임기가 5년 유럽의회 의원들과 임기가 맞물리게 됨으로써 밀접한 관계를 유지하게 되었다. 또한 새로운 집행위원장의 지명은 유럽의회 선거 후 곧바로 실시되어야만 하기 때문에 집행위원들의 선출과정에서 회원국들에 비해 유럽의회의 상대적 영향력은 향상되었다. 유럽의회는 집행위원장을 선출함에 있어서 단지 자문의 역할만을 기대되는 것이 아니라 집행위원장 후보자 지명을 승인할 수 있는 권한을 보유하게 되었다. 유럽의회 위원회는 지명된 집행위원들에 대한 검토절차를 포함한 모든 집행위원들의 사퇴를 요구할 수 있는 권리, 신임에 대한 투표권 행사 등 일련의 새로운 과정의 채택은 직접적으로 유럽의회에 책임이 있다고 볼 수 있다.175) 그러나 무엇보다 중요한 점은 집행위원장직을 비롯한 집행위원은 여전히 국내 정당의 재집권 가능성에 따른 선호의 선택일 뿐이라는 점이다.

집행위원들의 인구통계학적 배분이 조직구조에 미치는 영향을 살펴보면, 회원국들은 한 명씩의 집행위원을 보유한다. 집행위원의 추천은 회원국 정부의 집권정당이 한다. 따라서 임명된 집행위원은 임기 후 고국으로 돌아갔을 때 지속적으로 영향력을 발휘할 수가 있다. 이와 같은 이유로 회원국의 대통령 또는 수상들이 주로 집행위원 후보로 거론된다. 이와 같은 선출방식은 분명히 집행위원들에게 또 다른 정치적 자원을 제공하는 것이다.

현 제도하의 집행위원 선출과정은 일반적인 타협의과정인 정당정치의 형태를 찾아보기 어렵다. 반면, 집행위원들의 국적은 그들의 행동을 이해할 수 있는 중요한 요소이다. 예를 들어 회원국 정부, 로비스트들은 정보 입수를 위해 동일 국적의 집행위원을 접촉하거나 혹은 집행위원회 내의 최고위층에 압력을 가한다. 집행위원들은 브뤼셀에서 활동하고 있는 자국 기업들 모임에 참여가 가능하다. 그러나 이것 때문에 집행위원이 그들을 선택해 준 자국 정부의 대리인으로 활동한다는 결론을 내리긴 힘들다. 오히려 집행위원이 책임지고 있는 부서에서의 지위가 이해관계에 따른 의사결정 행위를 설명하는 데 부분적 적실성을 갖는다고 주장할 수도 있다.

그들은 자국이라는 지역적 유대감을 느끼는 동시에 특정 직위에 따른 유럽연합 전체의 이해를 최우선적으로 고려해야만 하는 이중적 갈등을 느낀다. 이와 같은 집행위원의 지명과 임명절차, 그리고 제한된 임기가 재선임을 위한 그들의 행위에 영향을 미친다는 점에서 조직의 구조적 특성이 집행위원의 행위를 결정한다고 볼 수 있는 것이다.

대부분의 국가의 장관들과 마찬가지로 집행위원들 또한 그들 임의대로 정치적 형태의 비서국을 둔다. 정치적 비서국은 또 하나의 상징적인 사적 기관이며 이는 행정업무와는 근본적으로 분리되어 있고 집행위원 자신의 신념에 따라 고용 및 해고가 가능한 정치적인 관계로 이루어진 직원들로 구성된다.176) 집행위원회 내부에서 수직적이고 수평적인 협력제도라는 비서국의 역할에 더해서 그들은 집행위원회와 집행위원회를 둘러싼 환경을 조정하는 중요한 기능을 담당한다. 즉, 비서국은 각국 정부와 로비스트들이 접근할 수 있는 중요한 통로라 할 수 있다.

비서국은 민족주의적 색채를 띤 집단으로 인식되어 왔다. 이러한 인식의 기원은 집행위원들에 의한 국적에 따른 인적 구성이란 면에서 더욱 두드러진다. 즉, 비서국의 인원 중 단 한 명만이 외국인이어야 된다는 규정이 바로 그것이다.177) 그러나 프로디 집행위원장 시기 이후 내부인력 충원의 확대와 세 명의 외국인 고용원칙이 정해졌다. 이로 인해 어느 정도 고위직에 대한 낙하산 인사 때문에 야기된 직위상승을 못함에 따른 의욕 상실은 감소되었다.

유럽연합의 통합 초기 대부분의 공무원들은 단기계약직이거나 회원국 정부로부터 파견된 공무원들이었다. 그러나 현재의 공무원 임용체제는 독일연방의 중앙정부와 같이 지역별 쿼터시스템에 의해서도 운용된다. 이 제도는 모든 회원국들에게 적정한 할당인원을 배분하는 제도로 유럽연합

내 (강)대국들은 (강)소국들보다 많은 지원자를 배당받는다. 유럽연합의 확대에 따라 이와 같은 시스템의 병행은 방해받게 되었다. 즉, 신규 회원국이 적절한 직원배분을 확보하기 위한 노력 때문에 '경쟁입사제도'가 자주 방해받는다.

한편, 소더만(Jacob Soderman)이 지적한 바와 같이 유럽연합 채용제도는 아직도 인종적 불균형이 존재한다. 소수인종집단으로부터 채용된 직원들 대부분은 안전요원이거나 청소부이다. 또한 유럽연합 내에 거주하고 있는 소수인종집단은 거의 3,000만에 달하지만, 이들이 고위관리직에 등용된 사례는 거의 찾아보기 힘들다.

하위직 공무원으로부터 고위직급으로 승진이란 문제와 관련해서 공무원 자신의 탁월한 능력에 더해서 공무원 노조 또한 중요한 역할을 담당한다. 그러나 직원노조의 역할은 점차 감소되는 추세에 있으며, 대신 국적이 다시 중요한 요소로서 재등장하였다. 즉, 외부 조직의 상급기관으로부터의 낙하산 인사의 관행은 단지 회원국 정부의 인사통제라는 현상으로 해석하기보다는 오히려 유럽연합의 동구권으로의 확대와 연관이 있으며, 이는 분명히 쿼터시스템을 극복하기 위한 측면으로 보는 것이 훨씬 현실성이 있다. 신규 가입국들은 위계질서라는 차원에서 직위의 적정한 배분을 주장하고 전직 국가관료가 집행위원회의 고위직으로 영입되는 정해진 절차에 강한 반대의사를 표명한다.

집행위원들의 국적이 실제 행정이 미치는 영향은 그들의 행정업무 처리 스타일과 태도라 할 수 있다.178) 또한 집행위원회 공무원들의 상당수가 자국에서의 행정경험이 미천할지라도 그들은 자국 동포를 위한 중재자의 역할에 관심을 갖는다. 사실상 이미 언급한 바와 같이 집행위원회 소속 공무원들은 임기 후 귀국했을 때 유럽연합과 관련된 사안에 대한 정보를 얻을 수 있는 인물이다.

계약직 공무원 수의 감소, 특성에 따른 고용형태, 다국적 직원으로 충원된 기구의 성격, 명령체계 등 기능에 따른 조직구조와 지역적 특성만이 조직구조 전체를 결정하지는 않는다. 그러나 조직의 성격, 국가별 쿼터시스템, 한정된 임기라는 측면은 집행위원들 및 공무원의 태도를 결정한다고 볼 수 있다. 특히 쿼터는 국가 정체성과 정책수행을 합리화시키고 계약직이라는 성격이 그들의 미래 목표뿐만 아니라 현 고용주인 국가의 이익을 대변하게 만든다. 이 같은 사실은 표준운영과정을 통해서 조직이 직면하고 있는 문제를 해결해 나아갈 수 있도록 대응해 나간다는 조직과정 모델의 설명과는 다른 것이다.

3. 이익집단으로부터의 압력

결국 다양한 이해집단들로부터의 압력은 무역정책결정과정에 영향을 미치는 중요한 요인이라 할 수 있다. 만약 급격한 수입증가의 결과 특정 산업이 경쟁의 압력에 직면한다면 이에 연관된 산업집단들은 특정 정치인 혹은 관료들로 하여금 그들이 속한 산업분야에 대한 정부지원을 얻기 위한 압력을 행사할 것이다. 이해 당사자 집단들은 정치적 권력에 대해서 폭넓은 지원이 가능한 집단이므로, 그 결과 관련 정치인 혹은 관리들은 특정 정책수단의 채택을 허락할 가능성이 있다. 즉, 이익집단을 대표하는 행위자가 선거결과에 상당한 영향력을 행사할 수 있다면 압력집단의 행위는 매우 효과적이라고 볼 수 있다.[179]

더욱이 정치인 혹은 관료들은 특정 정책수단의 사용으로 인한 비용 및 사회적 이득을 예측하기 위해서 특정 산업분야로부터 현 상황에 대한 적절한 정보를 수집하는 경향이 있다. 따라서 이익집단들은 그들이 선호하는 정책결과를 얻기 위해서 가능한 한 많은 정보를 제공하려고 노력한다. 그러나 모든 사회집단들이 항상 양질의 정보를 제공할 수 있는 것은 아니다. 일반 대중은 효과적인 압력집단과는 달리 분산되어 있으며 대중의 대부분은 시장가격의 상승이 값싼 수입품으로 인한 보호주의정책의 결과임을 인식하지 못한다.180)

이와는 대조적으로 잘 조직된 집단들은 수입증가 비용에 대한 양질의 정보를 제공하고 보호주의 정책으로 인한 혜택과 관련한 정보를 제공할 수 있다. 따라서 기업조직과 같이 잘 조직된 집단들은 정책결정과정에서 그들의 관심사를 설명하고 관철시킬 수 있다는 장점을 가지고 있다. 이와 같은 경향은 유럽연합 차원에서도 예외는 아니다. 유럽연합은 공동통상정책의 외부교역과 관련하여 표면상 배타적인 권력을 보유하고 있기 때문에 다양한 이익집단들은 유럽연합의 제도 혹은 관리들을 로비대상으로 삼아 그들의 영향력을 극대화시키고자 한다.

유럽연합의 집행위원회는 모든 이슈에 대한 지식을 보유하고 있지 않음으로 그들은 특정 이슈와 관련된 정보를 이익집단들로부터 얻을 필요성을 갖는다. 만약 이익집단들이 특정 정책수단이 미치는 장·단점에 대한 충분한 기술적, 재정적 능력을 갖추고 있다면 그들의 이익은 정책수단의 요구 및 추천을 통해서 충분히 반영될 소지가 충분하다. 동시에 각료이사회는 정책결정과정에 통상정책을 결정할 권한을 보유하고 있으므로 국가경제에 있어 중요 행위자인 산업집단은 각료이사회 회의에 앞서 그들이 이익을 부각시킴과 동시에 자국 정부에 압력을 가하는 노력을 기울인다. 즉, 잘 조직된 초국적기업을 비롯한 이익집단들로부터의 압력은 자국의 정부와 유럽연합의 제도 양쪽 모두에 강력한 영향력을 행사하므로 유럽연합의 무역정책결정에 상당한 영향력을 행사한다고 볼 수 있다.

제3절 | **타협의 정치**

　정책결정과정은 절차의 다양성 때문에 매우 복잡한 양상을 띠고 있다. 보통의 경우 정책결정과정은 일반적인 제도적 절차에 따른다. 즉, 집행위원회가 특정 정책수단을 제안하고 특정한 사안을 제외하고는 각료이사회의 다수결에 의해 결정한다. 일반적으로 이사회의 역할은 정책결정과정에서 지속적인 협상을 통해 회원국들의 갈등을 조정하는 것이라 할 수 있다. 반면, 통상정책과 관련한 집행위원회의 역할은 유럽연합 차원의 통상정책수단을 체계적으로 마련함으로써 국제무역을 통한 유럽연합의 이익을 도모하는 것이라 할 수 있다.

　결국 유럽연합의 제도들은 제각각의 관점에서 역외교역을 바라보고 있다고 할 수 있으며, 더욱이 조약에 의해서 유럽연합에게 주어진 배타적 독점권에도 불구하고, 회원국들은 통상정책결정에 있어서 아직도 상당한 권한이 있다는 사실이다. 그러므로 회원국들은 국제교역으로부터 자국 산업을 보호하기 위하여 국가차원의 보호주의적 정책수단을 활용하는 경향이 있으며, 또한 다양한 이익집단들은 정책결정과정에 그들의 입장을 제안할 수 있다.181) 예를 들어 역외교역 추세를 조사하고자 할 때 집행위원회는 절차에 포함된 상당한 이익집단들과의 협의과정을 거쳐야만 한다. 결국 정책결정과정에서 제기된 특정 회원국 또는 산업부문의 이해관계의 조정은 행정적 과정인 동시에 정치적 과정이라 할 수 있다.

　이처럼 다양한 이해관계가 존재한다는 것만으로 정책결정과정이 다원주의적 성격을 띠고 있다고 단정할 수는 없다. 그러나 다양한 행위자들은 정책결정과정에 있어서 각기 다른 수준의 영향력을 행사하는 것은 분명하다. 무엇보다도 집행위원회는 통상정책결정과정에 거대한 영향력 행사가 가능하다. 이미 논의한 바와 같이 집행위원회는 정책수단을 제안하고 역외국들과의 무역협상을 지휘할 수 있는 권력을 보유하고 있다. 조약에 명시된 역할 이외에도 이사회 규정은 집행위원회에게 상당 수준의 재량권을 부여하고 있다. 예를 들어 집행위원회는 무역정책을 수립하기 전에 유럽연합의 역외교역 추세에 관한 정보를 분석할 책임이 있다. 그러나 조사절차에 적용된 방법이 특정 수입품으로 인해서 야기된 피해를 분명하게 반영한다고는 할 수 없다. 그러나 유럽산업 및 시장에서의 실질적이고 예상이 가능한 변화만으로도 정책발의를 정당화할 수 있는 것이다. 이는 역외교역이 유럽산업에 미치는 영향을 조사할 수 있는 범위 및 재량권을 집행위원회가 보유하고 있음을 뜻한다.

더욱이 통상정책결정과정은 유럽의 대기업들이 정책과정에 참여할 수 있는 지위 선점을 보장하고 있다. 정책의 주도자로서 집행위원회는 역외교역의 효과를 측정하기 위하여 다양한 행위자들로부터 대량의 정보를 입수해야만 한다. 그러나 정책결정과정은 특정 정책수단의 적용으로 인해 발생할는지 모르는 사회적 비용을 결정할 적절한 방법을 제공하고 있지 않다. 또한 유럽연합이 마련한 공식적 기준은 주로 유럽산업에 미치는 결과에만 관련이 있으며, 유럽의 대기업들과는 달리 단지 제한된 수의 이익집단들만이 관련 사안에 대한 상세한 정보를 제공할 수 있는 인적 자원과 재정을 동원할 능력이 있다. 따라서 대기업들은 그들의 이익이 유럽의 이익을 대표하는 것이라고 주장함으로써 정책결정과정에 상당한 영향력을 행사한다. 동시에 집행위원회는 유럽경제발전에 있어서의 대기업의 역할을 전적으로 인정한다. 왜냐하면 기업의 사적 행위는 고용과 경제성장 등 경제 전반에 걸쳐 상당히 중요하기 때문이다. 이와 같은 이유로 역외교역을 중시하는 유럽연합 내 대기업들은 외국 경쟁자들로부터 보호받을 수가 있었다. 그러므로 공동통상정책은 소비자 이익을 포함한 다른 여타의 희생을 감수하면서 생산자의 이익을 도모했다고 볼 수 있다.

마지막으로 경제구조와 산업경쟁력과 같은 특정 경제요인을 지적하지 않을 수 없다. 경제구조와 산업경쟁력의 약화는 초국적기업의 정책결정과정 개입을 용이하게 만들었으며, 이는 보호주의 정책수단 사용의 주요 원인이었다. 앞서 논의한 바와 같이, 유럽연합이 채택한 공식적 기준은 조사과정이 주로 역외교역으로부터 민감한 산업과 시장의 구조적 변화가 실제적이고 예측이 가능할 때 행사된다. 그러나 문제는 국제교역은 항상 외부교역의 추세가 변화함에 따라 토착산업 및 시장의 변화를 수반하기 때문에 특정 산업의 피해를 발견하는 것은 어렵지 않다는 데 문제가 있는 것이다.[182]

보호주의적 압력은 상대적으로 국제경제에 민감한 산업분야에 놓이게 된다. 만약 유럽의 산업이 위기라고 판단되면 국제무역으로 인한 부정적 효과, 예를 들면 실업과 경기침체와 같은 심각한 경제 불안을 야기할 소지가 있기 때문에 정책결정자는 외부와의 경쟁으로부터 산업을 보호하여 공동의 이익을 확보하고자 한다. 따라서 유럽연합의 내부 경제적 문제들을 외부 원인으로 돌리기 위한 수단으로 특정한 통상정책수단을 사용하는 것이다. 말하자면 통상정책수단의 사용은 역외 경쟁국의 산업의 희생을 바탕으로 역내 산업경쟁력을 유지할 수 있는 것이라는 생각에 기초한다. 그러므로 통상정책수단은 결국 유럽산업가들의 이익을 대변해주고 있는 장치라고 할 수 있으며, 유럽의 대기업을 비롯한 산업가들은 구조적 권력을 효과적으로 활용한다고 볼 수 있다. 이런 연유로 소위 '새로운 접근'이라고 불리는 초국적기업들과 집행위원회 간의 접근은 산업체 전반에 걸친 동의를 바탕으로 유럽 전반에 걸친 표준을 만들기 위한 매우 효과적이고 혁신적인 방법이 되었다.

미 주

| EU 통상정책

1) John P. Heyes, *Making Trade Policy in the European Community* (New York: Palgrave Macmillan, 1993), p. 141.
2) 권혁재 외, "신보호주의의 확산과 대응", 「CEO Information」 삼성경제연구소, 제905호, 2013 참조.
3) 파리시와 공급계약을 맺은 사업자는 나무보호, 소음방지, 환경 친화적 자재사용, 규정에 따른 노동자 훈련 등 반드시 환경 관련 규정을 준수해야만 한다. 파리시는 이를 위해 실행규정 준수를 감독할 기술위원회를 설립하였다. 규정을 준수하지 않을 경우 파리시와 공급자간의 계약은 파기될 수 있으며 계약자는 향후 입찰에 참여할 수가 없다. http://www.carpe-net.org (2009년 11월 23일 검색)
4) 1990년 구매에 있어서의 환경적 요구사항 모델이 스톡홀름 시에서 개발된 이후 시에 입찰하는 모든 공급자들은 환경선언을 제출하여야 하며, 이를 통해 각각의 조달에 대한 환경성 분석이 이루어진다.
5) European Commission, *Buying Green*, A handbook on environmental public procurement, 2004 참조.
6) 텍스타일 및 의류, 건설부문에 있어서의 사회적 책임 관한 RESPIRO 프로젝트는 텍스타일과 의류 부문의 사회적 파트너에 의해 공개된 최근가이드와 연결되어 있다. 이 가이드는 공적입찰자로 하여금 가격뿐만 아니라 질과 관련된 고려 후 구입 결정을 내리도록 EU법이 규정한 가능성 등을 설명한다. 예를 들면 구내식당, 조경, 쓰레기수거, 병원 근무 직원의 작업복, 경찰관·소방서의 유니폼과 안전복·T-shirt, 모자 등에 적용한다.
7) Christopher McCrudden, *Buying Social Justice*, (Oxford: Oxford University Press, 2001), pp. 51-56.
8) European Commission, Communication to the Council on "Fair Trade," COM 1999/619.
9) Agenda Transfer and Servicestelle Lommunen in der Einen Welt, Faires Beschaffungswesen von Kommunen, 2003 참조.

10) Slike Moschitz, CARPE *guide to responsible procurement*, EURO-CITIES Secretariat 2nd (ed.), Brussels, 2005, pp. 33-34. (http://www.carpe-net.org)(2008년 11월 23일 검색)
11) European Disability Forum, EDF Guidance Paper on the implementation of the EU Public Procurement Directive, 2004 참조.
12) Eileen Denza, The Community as a Member of International Organizations, in N. Emiliou, D. O'Keefe (ed.), *The European Union and World Trade Law*, 1996, pp. 3-14.
13) Commission of the European Communities, *The European Community as a World Partner*, European Economy, no.52, 1993.
14) 세계화 정보화로 인해 국가의 주권이 약화되고 있다는 주장이 가능한데, 이런 주장의 근거는 다음과 같다. 복합적 상호의존의 증가, 생산과 무역의 전 지구적 확산, 초국적기업의 역할, 국제금융시장에서의 자본 이동성의 증가, 정보통신혁명에 의한 정보전달 비용의 절감에 따른 다양한 네트워크들의 확산 등은 국가주권을 넘어서 이루어지기 때문에, 기존에 국가주권의 영역으로만 간주되던 거시경제정책, 조세영역, 그리고 소득 재분배를 위한 공공정책분야에서의 국가역할을 축소시키고 있다는 것이다. 김성주, "세계화와 정보화 시대 국제정치의 패러다임: 국가주권과 시장의 상관성," 『한국정치외교사논총』, 한국정치외교사학회 23권 1호, 2001, pp. 267-269.
15) David Held, "Democracy, the Nation-State and the Global System," *Economy and Society*, vol.20, no.2, 1991.
16) Dimitris N. Chryssochoou, "Integration Theory and Treaty Reform: A Consociationalist Approach," *Strategies of Civic Inclusion in Pan-European Civil Society*, University of Exeter, Working Papers 4, 2000b, pp. 2-3.
17) Claudio M. Radaelli, "Whither Europeanization? Concept Stretching and Substantive Change," *Vienna University of Economics and Business Administration*, European Online Integration Papers 2000-2008, Austria, 2000b, pp. 1-18.
18) Tanja A. Bözel, "What's So Special About Policy Networks? -An Exploration of the Concept and Its Usefulness in Studying European Governance," *Vienna University of Economics and Business*

Administration, European Online Integration Papers 1977-016, Austria, 1997, pp. 13-14를 참조.

19) James Croty, "The Limits of Keynesian Macroeconomics in the Age of the Global Marketplace," in A. MacEwan and W. Tabb (eds.), *Instability and Change in the World Economy* (New York: Monthly Review Press, 1989)을 참조.

20) 현대의 '신자유주의'가 원칙적으로는 보수주의와 중상주의에 반대하면서, 시장기제의 원활한 작동과 시장기제를 통한 정치적 지배를 보증하고, 자신의 정당성을 확보하기 위해, 국민・종교・가족과 같은 전통적 가치를 부활시키려는 신보수주의(neoconservatism)와 결합하고 있음에 주목할 필요가 있다. 이 과정에서 신자유주의적 경제이론의 필수적 구성물인 최소국가 이론은 신보수주의의 '강한 국가'(strong state) 이론으로 변형되고 있고, 시장은 개인의 자유 실현을 위한 원천이라기보다는 개인을 규율하기 위한 도구로 그 의미가 변하고 있다. 구갑우, 「유럽연합의 '신자유주의적' 공공정책」 서울대, 정치학과 박사논문, 1997, p. 109.

21) Wolfgang Streeck, "Neo-Voluntarism: A New European Social Policy Regime?" *Governance in the Emerging Euro-Polity*, Gary Marks, Fritz Scharpf, Philippe C. Schmitter, Wolfgang Streeck (eds.), (London: SAGE, 1996), pp. 64-94.

22) Winfried Ruigrok and R. Van Tulder, *The Logic of International Restructuring*(London: Routledge, 1995), pp. 18-151를 참조.

23) 유럽의 경제통합 이론가인 발라샤(Balassa)는 지역통합과 지역협력의 차이를 질과 양의 차이로 서술하고 있다. 즉, 지역협력이 차별을 줄이고자 하는 행동이라면, 지역경제통합은 다양한 형태의 차별을 폐지하려는 시도라는 것이다. Bela Ballasa, *The Theory of Economic Integration* (London: Allen & Unwin, 1961), p. 2.

24) 로즈노(Rosenau)의 연계이론(linkage theory)을 유럽에 적용시킨 올센(Olsen)은 유럽화를 유럽연합의 정치・경제적 역동성이 주권국가에 침투하여 국내정치와 정책결정이 초국가로 재설정해 가는 과정과 그 결과로 정의하고 있다. Jonh P. Olsen, "The many Faces of Europeanization," *Advanced Research on the Europeanisation of the Nation-State*, Working Papers 02/02, Norway, 2002a, pp. 3-4; 유럽의 경제통합과 유럽화에 관한 분석은 일단 역내시장의 확대에 따라 규모의 경제가 존재한다는 가정 아래 출발하고 있다. 이 가정을 받아들이면 시장통합은 중기적으로는 투자율의 상승

을 통하여 회원국 내 총생산수준의 증가를 가져오고, 나아가 장기적으로는 성장률 자체가 높아질 수 있다. 이후 총생산의 일정비율이 다시 저축되고 투자로 이어진다면 결국 생산성 향상은 투자증가를 가져오고 이는 다시 추가적인 생산증가를 수반하게 된다. 이와 관련한 내생적 성장모형(endogenous growth model)의 핵심은 생산함수의 총생산성은 차별화된 중간재 수에 따라 상승하는데, 시장통합에 따른 시장확대가 이러한 효과를 가능케 한다는 것이다. 다시 말해 생산에 이용되는 차별화된 중간재 수의 증가는 노동 분업이 심화되었음을 의미하며, 이는 우회생산의 이득을 가져온다. 한편, 중간재 수의 증가는 기술진보에 의해서도 가능하다. 즉, 시장이 통합되면 각 회원국은 다른 회원국에서 생산한 중간재들을 중복해서 생산하고자 하지 않게 됨으로 역내 전체적으로 비용절감의 효과가 있게 된다. 이에 따라 통합 이전에 비하여 유럽수준에서의 생산에 이용 가능한 중간자 수가 증가하게 된다. 이른바 경쟁제고에 따른 생산성과 효율성의 증대가 가능하게 된다. 따라서 분업의 심화에 따른 이득을 통해 총체적으로는 최종재 생산의 증가를 기대할 수 있으며 이는 유럽화로 이어지게 된다. Rivera-Batiz, L.A & P.M. Romer, "Economic Integration and Endogenous Growth," *Quarterly Journal of Economics*, vol.106, 1991a.

25) Maria Green Cowels, James Caporaso, and Thomas Risse, *Transforming Europe: Europeanization and Domestic Change* (Cornell: Cornell University Press, 2001), pp. 2-20.

26) Anne Stevens, "Europeanisation and the Administration of the EU," *Queen's University Balfast, Institute of European Studies*, Queen's Papers on Europeanization, no.4, 2002, p. 1.

27) 이준구, 『미시경제학』(서울: 법문사, 1989), pp. 616-618에서 재인용. George J. Stingler, *The Citizen and the State* (Chicago: University of Chicago Press, 1975), 8장을 참조. 또한 신고전주의자들은 시장의 실패를 시정하려는 국가의 노력이 실패할 가능성이 상존하기 때문에 시장의 실패 역시 시장에 맡겨서 시정하도록 하는 것이 바람직하다는 주장을 하고 있다. '코스(Roland Coase)의 정리'는 시장이 시장의 실패를 시정할 수 있는 우월한 기구라는 신고전주의자들의 주장에 이론적 기초를 제공했다. 그는 설사 공공재 국가이론이 주장하는 외부효과의 문제로 시장이 실패한다 하더라도 반드시 정부의 개입이 불가피하게 요구되는 것은 아니라고 주장했다. 외부효과에 의한 시장의 불완전성도 적절한 재산권 확립(즉, 이해당사자들의 자유로운 협상에 의한 상호간의 이해조정)을 통해 극복함

으로써 효율적인 자원배분에 달성할 수 있다는 '코스의 정리'는 시장의 실패에 따른 필수적인 국가의 기능을 상정하는 공공재 이론에 비판적인 보수적인 신고전주의자들에게 강력한 이론적 무기를 제공했다. Roland Coase, "The Problem of Social Cost," *Journal of Law and Economics*, vol.3, 1960.

28) 여기서 말하는 거래 비용(transaction costs)이란 코스에 의하면 계약 쌍방이 합의에 이르게 하고 합의한 것을 지키게 하는 데 소요되는 '탐색 비용'(searching cost), '측정 비용'(cost of measurement), '집행 비용'(cost of enforcing)으로 구성된다. 노스는 탐색 비용은 경쟁을 통해서 줄일 수 있으므로, 중요한 것은 측정 비용과 집행 비용이라고 하면서 이 두 가지를 '순응 비용'(compliance cost)라고 불렀다. Douglass C. North, *Institutions, Institutional Change, and Economic Performance* (New York: Cambridge University Press), 1990a, p. 332. 이병기 옮김, 『제도, 제도변화, 경제적 성과』(서울: 자유기업센터, 1996)을 참조.

29) 임혁백, 『시장·국가·민주주의』(서울: 나남, 2003), p. 129에서 재인용.

30) Charles Wolf Jr., *Markets or Government: Choosing between Imperfect Alternatives* (Cambridge, M.A: MIT Press, 1988), Chap.4를 참조.

31) Enrico Sasson, "Protectionism and International Trade Negotiations During the 1980s," in Enzo Grilli and Enrico Sasson (ed.), *The New Protectionist Wave* (London: Macmillan, 1990), p. 32.

32) Joan Pearce and John Sutton with Roy Batchelor, *Protection and Industrial Policy in Europe* (London: Routledge & Kegan Paul, 1985), pp. 95-103.

33) Arye L. Hillman, "International Trade Policy: Benevolent Dictators and Optimizing Politicians," *Public Choice*, vol.74. 1992, p. 2.

34) L. Alan Winters, *International Economics* (4th ed.), (London: Routledge, 1991), pp. 141-143.

35) Gottfried Harberer, "Strategic Trade Policy and the New International Economics: a Critical Analysis," in Ronald W. Jones and Anne O. Krueger (ed.), *The Political Economy of International Trade* (Oxford: Basil Blackwell, 1990), p. 28.

36) Ronald H. Coase, "Economics and Public Policy," in R. H Coase, *Essays on Economics and Economists*, 1994b 참조.
37) Paul R. Krugman, "Introduction: New Thinking About Trade Policy," in Paul R. Krugman (ed.), *Strategic Trade Policy and the New International Economics* (London: MIT Press, 1986), p. 14.
38) *Ibid.*, pp. 11-14.
39) John P. Heyes, *Making Trade Policy in the European Community* (New York: Palgrave Macmillan, 1993), p. 141.
40) Seamus O'cleireacain, "Europe 1992 and Gaps in the EC's Common Commercial Policy," *Journal of Common Market Studies*, col.28, no.3, 1990; Ola Jolstad, Finn, "Interactive Levels of Policy-Making in the European Union's Common Commercial Policy," *Advanced Research on the Europeanisation of the Nation-State*, Working Papers no.10, Norway, 1999.
41) 일반특혜관세제도는 1971년 1월 1일부터 유럽연합 회원국이 128개 저개발국에 대하여 일방적으로 인정하는 특혜관세제도이다. 본래는 1968년 제2차 유엔무역개발회의(UNCTAD) 총회에서 선진국의 개도국에 대한 무차별적 비상호주의적 특혜관세 제도를 채택함으로써 시작되었으나 유럽연합은 독자적인 체제를 도입했다. 저개발국의 상업제품과 농산품에 대한 수입관세의 인하 또는 영세율을 적용한다. 일반특혜관세제도 수혜국이라도 일부 제품에 국한하여 실시하고 때로는 수입할당량과 병행하여 실시되기도 한다. 한국은 1988년 유럽연합의 일반특혜관세제도 수혜국에서 제외되었다가, 지적소유권 보호문제로 쌍방 합의로 1992년 다시 수혜국이 되었다. 윤현수, 『유럽통합사전』(서울: 삼연기획, 1993)에서 재인용.
42) Shin Sang-Hyup, *European Integration and Foreign Direct Investment in the Europe* (London and New York: Routledge, 1988), p. 124.
43) 유럽경제지역(EEA)에서 눈여겨 볼 사항은 유럽경제지역이 공동체와 유럽자유무역연합(EFTA) 체결국 간 실질적으로 통합된 단일시장으로 기능한다는 사실이다. 공동체법은 유럽자유무역연합 회원국에게까지 효력을 미치는 국제법의 성격을 갖는데, 이는 유럽자유무역연합 국가들이 경제적인 이유로 특정 정책영역에서 공동체법의 우위와 주권의 제약을 일방적으로 수용한 결과이다. 그러나 공동체법 불복종시 뒤따르는 제재는 유럽경제지역에서는 적용되지 않는다는 사

실이 중요하다.

44) Commission of European Communities, *The European Community as a World Partner, European Economy*, no.52, 1993, p. 204.

45) David Edye and Valerio Lintner, *The Lome Convention: New Dawn or Neo-Colonialism*, European Dossier Series, no.22 (London: University of North London Press, 1992), pp. 7-11.

46) Commission of European Communities, *The European Community as a World Partner, European Economy*, no.52, 1993, p. 205.

47) Theodore Hitiris, *European Community Economics* (2nd ed.), (Hempel Hempstead: Harvester Wheatsheaf, 1991), p. 222.

48) *Ibid.*, p. 223.

49) Alan Matthews, *EC Trade Policy and the Third World: An Irish Perspective* (Dublin: Trocaire, 1991), p. 106.

50) GATT 회원국들이 1973년 섬유분야의 국제무역에 대한 제한을 결정한 협정으로 정식명칭은 섬유분야의 국제무역에 관한 협정(Arrangement Regarding International Trade in Textiles)이다. 선진국들이 제3세계의 저가 섬유제품 수출에 따른 자국 산업의 피해를 줄이고 자국 산업의 구조조정에 따른 시간적 여유를 갖기 위해서 체결한 보호무역장치라고 할 수 있다. 유럽연합은 섬유산업조정회(COMITEXTIL)는 개발도상국을 비롯하여 역외국가로부터의 모든 섬유 할당량을 엄격히 규제하고 있다. 윤현수, 『유럽통합사전』(서울: 삼연기획, 1993)에서 재인용. 그러나 2005년 1월 WTO협정에 따른 관세유예협약이 끝남에 따라 WTO 국가들에게 적용했던(2004년 현재 70년대 이루어졌던 다자간 섬유협정에 따라 유럽연합은 11국가-아르헨티나, 중국, 홍콩, 인도, 인도네시아, 말레시아, 페루, 필리핀, 대만, 한국, 태국 등에 210개의 쿼터를 적용하고 있다.) 섬유 및 의류에 대한 섬유 및 의류에 대한 쿼터 적용은 사라지게 된다. 반면, 비-WTO 국가들 예를 들면 벨라루시, 북한, 세르비아, 몬테네그로, 베트남 등은 계속해서 쿼터가 적용된다.

51) KA. Koekoek and LBM. Mennes, "Some Potential Effects of Liberalizing the Multifiber Arrangement," in LBM. Mennes and Jacob Kol (ed.), *European Policies and the Developing World* (London: Croom Helm, 1988), pp. 201-203.

52) Commission of European Communities, *The European Community*

as a World Partner, *European Economy*, no.52, 1993, pp. 201-202.
53) Wouter Tims, "EC Agricultural Policies and the Developing Countries," in LBM. Mennes and Jacob Kol (ed.), *European Trade Policies and the Developing World* (London: Croom Helm, 1988), p. 146.
54) Carlo Secchi, "Protectionism, Internal Market Completion, and Foreign Trade Policy in the European Community," in Enzo Grilli and Enrico Sassoon (ed.), *The New Protectionist Wave* (London: Macmillan, 1990), p. 62.
55) GATT, Trade Policy Review, *The European Communities* (Geneva: GATT, 1993), vol.2, p. 58.
56) Commission of the European Communities, *The European Community as a World Partner*, European Economy, no.52, 1993, p. 200.
57) V. Curzon Price, "Competition and Industrial Policies with Emphasis on Industrial Policy," in A.M. El-Agraa (ed.), *Economics of the European Community* (London: Philip Allan, 1990), pp. 171-172.
58) European Research Associates, "National Attitudes Towards Protectionism," *European Trends*, August, 1983, p. 46.
59) Jacob Kol and B.M. Mennes, "Trade Policies in the Netherlands" in Dominick Salvatore (ed.), *National Trade Policies*, Studies in Comparative Economic Policies, vol.2 (New York: North-Holland, 1992), p. 271.
60) Andre Sapir, "Trade Policies in Belgium," in Dominick Salvatore (ed.), *National Trade Policies*, Studies in Comparative Economic Policies, vol.2 (New York: North-Holland, 1992), pp. 280-281.
61) Enzo Grill, "Trade Policies in Italy," in Dominick Salvatore (ed.), *National Trade Policies*, Studies in Comparative Economic Policies, vol.2 (New York: North-Holland, 1992), p. 191.
62) 그러나 영국이 자유무역체제로 전환하고 유지할 수 있었던 기반에는 선진화된 기술력을 지녔기 때문이라는 사실과 기술력 뒤에 숨어 있었던 오랜 기간 동안 유지된 높은 관세장벽이 있었다는 사실에 주목해야 한다. 19세기 중반에 발생한 영국경제의 전반적인 자유화는 자유방임에 의해 이룩된 것이 아니라 정부의 감독하에 진행된 고도의 관제(管制) 사건임에도 주목해야 한다. 장하준, 『

사다리 걷어차기』(서울: 부키, 2005), p. 55.
63) 1957년 공동체 설립조약 당시부터 국가보조금 정책은 독일이 주장하는 자유시장 원칙과 독일에 비해 상대적으로 취약한 국내경제기반을 보호하려는 프랑스의 의도가 복합적으로 작용한 타협의 산물이다. 이 결과 공동시장 내에서도 국내산업정책과 시장개입의 여지를 남겨 놓는다. 실제로 국가보조금 정책을 명시한 구 공동체조약 제92조와 제93조(TEC ex-Article 92, 93)의 엄밀한 법적 해석과 적용은 회원국들의 저항에 의해 상당부분 유보되어 왔다. 이에 국가보조금 정책은 경쟁정책 내에서도 집행위원회의 강력한 정책의지가 적용되지 않는 예외적 영역이다. 중요한 점은 보조금 정책이 시장기제에서 벗어나 강대국을 중심으로 한 매우 전략적인 정치적 이슈라는 것이다. 일반적으로 회원국의 선호는 국민경제단위의 경제적 이익이다. 따라서 보조금 정책은 자국 산업의 경쟁력 제고를 위한 일종의 재정정책으로 고려된다. 여기서 정책의 효과를 극대화하려면 여타 회원국의 동일한 정책시행을 봉쇄해야 한다. 그러므로 국가들 간에는 보조금 정책의 일반적 이해를 공유하지만 상대적으로 강력한 정치적 권한을 지닌 회원국은 집행위원회를 압박하여 공동체 차원에서 자국에 유리한 보조금 정책을 관철하여 왔다. 공동농업정책의 시행과정에서 강력한 영향력을 행사한 프랑스의 경우에서 이러한 맥락을 이해할 수 있다. Frits W. Scharpf, "What Have We Learned? Problem-Solving Capacity of the Multi- Level European Polity," *Max-Planck Institute for the Study of Societies*, Working Paper 01/04, Germany 2001b를 참조.
64) 회원국들 간의 자유무역 거래 활성화를 목적으로 하는 스톡홀름조약에 의해 설립된 정부간 기구이다.(1960년 1월 4일 체결, 1960년 5월 3일 효력 발생) 오스트리아, 덴마크, 노르웨이, 포르투갈, 스웨덴, 스위스, 영국이 창립 회원국이다. 1960년에 핀란드가 가입하였고 1970년에 아이슬란드가 가입했다. 1972년에 덴마크와 영국이 1985년에는 포르투갈이 유럽연합에 가입함으로써 유럽자유무역지대(EFTA)를 탈퇴했다. 1986년과 1991년 각각 핀란드와 리히텐슈타인이 신규로 EFTA에 가입했다. 현 2005년에는 스위스의 로시에(2000년~2006년)가 의장직을 수행 중이다. 현 회원국은 스위스, 노르웨이, 리히텐슈타인, 아이슬란드이다. 1984년 산업제품에 대한 자유무역지대를 창설하기 위한 EEC와 ECSC와의 쌍무협정(관세와 수량제한, 또는 동일한 효과를 가져오는 조치의 폐지)을 체결했다. 1990년 EFTA와 EC는 유럽경제공간(EEC: European Economic Space, 후에 EEA가 됨) 창설을 위하여 좀 더 긴밀한 연합협정을 결성할 목적으로 협상개시 결정을 하였고, 1992년 포르투갈의 오

포르토(Oporto)에서 유럽경제지역(European Economic Area: EEA)을 창설했다. (전 체코슬로바키아, 이스라엘, 폴란드, 루마니아와 협정에 사인했으며 스위스와 알바니아는 유럽경제지역에 참여하는 것을 거부했다.) 유럽자유무역지대의 기구로는 각료이사회를 비롯하여, 사무국, 위원회와 실무기구들이 있다. 2004년 5월 1일 유럽확대정책의 일원으로 유럽연합에 10개의 동구권 국가가 참여함으로써 현 유럽경제지역회원국들은 28개국으로 늘어나게 되었다. http://secretariat.efta.int/Web/EFTAAtAGlance/history

65) 1996년 정부간 회의에서 심도 깊게 논의된 개념으로서 회원국들이 각자의 정치, 경제적 상황에 맞춰 상이한 속도로 유럽통합에 참여하게 하자는 원칙으로서 암스테르담조약에서 도입되었다. 이에 따라 각 회원국들은 사안에 따라 다른 일부 회원국들과 유럽연합 전체 차원의 협력보다 강화된 "긴밀한 협력"(enhanced co-operation)을 진행할 수 있게 되었다. 예컨대 몇몇 회원국 간 경찰협력 및 형사사법공조에 있어 공동체 규범이 정한 범위보다 더욱 긴밀한 협력을 희망할 경우 이사회 승인을 얻어 관련 정책을 시행할 수 있다. 다만 이러한 유연성원칙은 공동체의 통일성을 해치고 분열시킬 우려가 있는 만큼 다른 모든 방법을 사용하고 최종적인 수단(last resort)으로 사용해야 하며, 유럽연합에 전적으로 정책결정권이 이관된 분야(경쟁, 관세 등)와 국방관련 분야에는 적용되지 않는다. 니스조약은 8개국 이상 국가 간 "긴밀한 협력"에 대해서는 가중다수결로 이사회에서 승인할 수 있도록 관련 조건을 완화하였다.(종전에는 이사회 만장일치로 승인) 이 규정은 유럽연합 헌법조약 초안 4부에 포함되어 있다.

66) Stephan Woodcock, "European Trade Policy Global Pressures and Domestic Constraints," in H. and W. Wallace (eds.), *Policy-Making in the European Union* (Oxford: Oxford University Press, 2000), pp. 373-399.

67) Stephan Woodcock and Michael Hodges, "EU Polity in the Uruguay Round," in H. W. Wallace (eds.), *Policy-Making in the European Union* (Oxford: Oxford University Press, 1996), pp. 301-324.

68) Official Journal of the European Communities C 80/15, 10 March, 2001.

69) 김균태, "유럽연합(EU)," 『KIEP 보고서』 2005년 6월호.

70) Tsoukalis(1989), *op. cit.*, p. 31.

71) Hayes(2006), *op. cit.*, pp. 21-22.

72) Hayes(2006), *op. cit.*, p. 18.
73) 무역장벽규정이 처음 소개된 것은 보조금 지급반대와 관련해서 1968년이었다. 이후 GATT 규정과 보조를 맞추기 위해서 정기적으로 규정이 개정되었다. Woodcock (1996), *op. cit.*, p. 389.
74) Paul Krugman and Obstfeld, M., *International Economics: Theory and Policy*, (7th ed.), (New York: Addison-Wesley, 2000), pp. 80-83.
75) 수평적 보조금(horizontal aid)은 연구개발, 환경보호, 고용유지 및 구조조정 중인 기업에 대한 지원을 목적으로 하는 보조금을 말하며, 특정분야에 대한 보조금(sectoral aid)은 철강, 조선, 항공, 은행업에 대한 보조금이 이에 해당된다.
76) Woodcock(1996), *op. cit.*, p. 376.
77) 마스트리히트조약 체결을 위한 협상 기간 동안 집행위원회는 공동통상정책을 공동대외경제정책(Common External Economic Policy)으로 대체하고자 하였다. 즉, 통상정책의 적용범위가 서비스 교역, 지적재산권까지 포함되는 것뿐만 아니라 투자 및 경쟁정책 규모의 확대를 희망하였다. 이후 1994년 WTO협상이 시작되었고 몇 달 후 유럽법원은 서비스와 지적재산권에 관한 모든 교역의 주체가 집행위원회라는 것을 부인하였다. 동시에 유럽법원은 원칙적으로 공동통상정책으로부터 서비스 교역을 배제하는 것도 고려하지 않았다.(Opinion 1/94) 유럽법원은 집행위원회가 GATT, GATS, Trips를 포함한 WTO협상에 배타적 권한을 보유하고 있는지에 대한 여부를 조사해야만 했다. 유럽법원은 집행위원회가 위에 언급한 협상 분야에서 배타적 권한을 보유하고 있다는 것이었다. 그러나 이사회는 유럽연합과 회원국이 협상권한을 공유하고 있음을 주장하였고, 따라서 협정은 복잡한 양상을 띨 수밖에 없었다. 이에 유럽법원은 유럽연합이 WTO협상을 주도하고 결정할 독점적 권한을 충분히 만족할 수 없다는 결론을 내렸고 상품교역에 있어서만 조약 제133조에 따른 유럽연합의 독점 권한을 인정하였다. 반면, 서비스, 지적재산권 교역과 관련해서는 부분적 권한만을 보유하고 있다는 결정을 내렸다. 즉, 서비스 공급형태와 관련한 유럽법원의 결정은 유럽연합의 권한과 회원국의 권한이 공유되어야 한다는 것이었다. Takis Tridimas, "The WTO and OECD Opinions," in Alan Dashwood & Christophe Hillion (eds.), *The general law of EC external relations* (London: Sweet & Maxwell, 2000), p. 52.
78) Michael J. Tribilcock and Robert Howse, (eds.), *The Regulation of*

International Trade (London: Routledge, 1999)을 참조.

79) Helen Wallace, "Politics and Policy in the EU: The Challenge of Governance," in H. and W. Wallace (eds.), *Policy-Making in the European Union* (Oxford: Oxford University Press, 1996a), pp. 3-36.

80) Andrew Moravcsik "European Federalism: Rhetoric and Reality," Paper delivered at the ECPR Summer School EU," *External Capability and Influence in International Relations*, Geneva, 2000b, p. 17.

81) Giandomenico Majone, "Democracy and Constitutionalism in the European Union," *ECSA Review*, vol.13(2), 2000, pp. 4-5.

82) William Wallace, "Collective Governance. The EU Political Process," in H. and W. Wallace (eds.), *Policy-Making in the European Union* (Oxford: Oxford University Press, 2000c), pp. 523-542.

83) John Peterson and Bomberg E., "Policy Transfer and Europeanization: Passing the Heineken Test?," *Queen's Papers on Europeanization*, 2000, p. 4.

84) 로즈노에 따르면 통치체제(governance)는 정부와 동의어가 아니다. 거버넌스와 정부 모두 목적적 행위, 목표 지향적 행동, 그리고 규칙체계를 언급한다. 그러나 정부는 공식적 권위와 충분히 합법적인 정책실행을 보장하는 정책권한에 의해 지탱되는 행위를 하지만, 거버넌스는 법적으로, 공식적으로 규정된 책임감에서 연유하거나 혹은 연유하지 않고, 저항을 극복하고 순응을 얻고자 하는 경찰권에 필연적으로 의존하지 않는 공유된 목표에 의해 지탱되는 행위를 언급한다. 요컨대 거버넌스는 정부 이상의 현상을 포괄하는 것이다. 거버넌스는 정부의 제도를 포함한 비공식적, 비정부적 메커니즘을 포함한다. 즉, 정부는 정부정책에 대한 광범위한 반대에 직면해도 기능할 수 있는 것과 달리 거버넌스는 다수에 의해 받아들여졌을 때만 작동하는 규칙체계인 것이다. James N. Rosenau, "Governance, Order, and Change In World Politics," in James N. Rosenau and Ernst-Otto Czempiel (ed.), *Governance Without Government: Order and Change In World Politics* (Cambridge: Cambridge University Press), 1992, pp. 8-9; Alberta M. Sbragia, "The Dilemma of Governance with Government," *Advanced Research on the Europeanisation of the Nation-State*,

Working Papers 03/02, Norway, 2003. 이런 관점에서 보자면 유럽연합 체제의 작동메커니즘은 단순히 국가행위에 국한되는 것이 아니라 사회를 이끌어 나가거나 통제 혹은 관리하는 사회적·정치적·행정적 행위자들의 모든 행위를 포함하는 것이다. 즉, 다층적 통치체제를 주장하는 학자들은 유럽연합 체제가 배타적으로 국가중심적이지도 않고 초국가주의적이지도 않다는 것이다. 거버넌스의 다양한 정의에 대한 자세한 설명은 김석준 외, 『거버넌스의 정치학』(서울: 법문사, 2002)을 참조.

85) Michael Keating and Liesbet Hooghe, "By-Passing the Nation State? Regions and the EU Policy Process," European *Union: Power and Policy-Making*, Jeremy J. Richardson (ed.) (New York: Routledge), 1996, p. 221.

86) 강원택, "유럽통합과 다층적 통치체제: 지역의 유럽 혹은 국가의 유럽?" 『국제정치논총』 제40집 1호, 2000, p. 14.

87) *Ibid.*, p. 5.

88) Sophie Meunier and Kalypso Nicolaidis, "Who Speaks for Europe? The Delegation of Trade Authority in the European Union," *Journal of Common Market Studies*, vol.37(3), 2001, pp. 7-8.

89) Antje Wiener and Karlheinz Neunreither (eds.), *European Integration After Amsterdam: Institutional Dynamics and Prospects for Democracy* (Oxford: Oxford University Press, 2000), 1989년~1992년까지 우루과이라운드 협상이 진행되는 동안 들로르의 집행위원회에서는 GATT체제에 대한 EU의 책임성을 강조하면서 보다 많은 자유화를 추진했던 네덜란드 출신의 집행위원 안드레센(F. Andriessen)과 자유화 조치에 강력히 반대하였던 아일랜드 출신의 농업당당 집행위원인 맥쉐리(R. MacSharry)가 심각하게 대립했다. 회원국의 분열과 더불어 집행위원회 내부의 분열이 발생함으로써 우루과이라운드 동안 집행위원회의 지위는 현저하게 약화되었다. Charles Grant, Delors: *Inside the House that Jacques Built* (London: Nicholas Brealey Publishing, 1994), p. 171.

90) 공유 권한과 관련해서 도미니크 맥골드릭(Dominic McGoldrick)은 모든 조약이 국가의 경제와 연관되고 투표를 요구하는 경우가 발생하므로 필연적이라고 주장한다. 그러나 흥미롭게도 로마조약에는 공유 권한에 대한 조항이 없었다. 그러나 유럽원자력공동체조약의 102조는 "조약은 공동체와 하나 또는 그 이상의 국가들에 의해 이루어진다."라는 조항이 명시되어 있었으며 유럽법원

은 이를 기초로 하여 Opinion 1/78, 2/92, 1/94에서 조약은 공동체와 회원국들의 참여를 필요로 한다는 판결을 내린 바 있다. 또한 집행위원회와 영국간의 어업협정 준수에 관한 의무 및 권한 대한 국제법상의 해석에서도 공유권한을 인정하였다. 따라서 유럽연합법의 일상적 적용은 회원국과 유럽연합 집행위원회의 배타적 권한이 아닌 공유 권한에 의해 진행된다고 할 수 있는 것이다. D. McGoldrick, *International Relations Law of European Union* (London: Longman, 1997), pp. 78-79. 공유 권한의 정의 및 적용에 관한 자세한 글로는 Rafael Leal-Arcas, "The European Community and Mixed Agreements," *European Foreign Affairs Review* 6, 2001, pp. 483-513를 참조.

91) Alasdair R. Young "The Adaptation of European Foreign Economic Policy: From Rome to Seattle," *Journal of Common Market Studies*, vol.38(1), 2000, pp. 93-116.

92) Manfred Elsig, *The EU's Common Commercial Policy-Institution, Interests and Ideas* (Burlington: Ashgate Publishing, 2002), p. 13.

93) 1994년 GATT규정과는 달리, 1995년 1월 1일 발효된 WTO규정에서의 "보조금 및 상계조치협정"(Agreement on Subsidies and Countervailing Measures)은 보조금의 정의를 명확히 하였다. 즉, 정부나 공공기관에 의한 '재정적 지원(자금 및 채무의 직접적 이전, 세액공제 등 정부세입의 포기, 사회간접자본 이외의 재화, 용역의 제공 및 재화의 구매, 정부나 금융기관이나 민간기관을 통해 상기와 관련된 기능을 수행하는 경우를 포함)이나 또는 1994년 GATT 제16조에 의한 모든 형태의 소득 또는 가격지원에 해당하고, 이로 인해 혜택이 부여되는 경우에 그러한 지원을 보조금이라 정의하였다. 다만 상기와 같은 보조금에 해당하는 경우라도 그 성격상 특정성(specificity)이 있는 경우에 한해 금지보조금, 조치가능보조금, 및 상계조치에 관한 규정이 적용된다. 유럽연합 보조금규칙은 기본적으로는 WTO체제를 따르고 있으나 부분별로는 약간의 차이를 보인다. WTO 보조금협정은 제1부에서 보조금에 대한 일반적 정의 및 특정성을 설명한 후, 제2부-4부에서는 금지보조금, 조치가능보조금 및 허용보조금 등 각 유형의 보조금을 정의한 후 그에 부수되는 구체절차를 개별적으로 규정하고 있으며 상계조치부과절차에 대해서는 별로도 언급하고 있다. 그러나 유럽연합의 경우, 제2조에서 보조금에 대한 일반정의를 두고, 제3조에서는 상계조치의 대상이 되는 보조금으로서 특정성이 있는 보조금과 금지보조금, 제4조에서 상계조치의 대상이 되지 않는 보조금에

관하여 규정함으로써 보조금을 각 유형별로 구분은 하되 개별절차는 상계조치에 관한 일반적인 절차에 포함시켜 다루고 있다. 최승환, 『EU보조금 규칙 및 상계관세사례연구』(서울: 경희대학교 출판국, 2004), p. 15에서 재인용.

94) '무역굴절'이란 역내 저관세국을 통해 수입된 상품이 다른 역내고관세국으로 관세 없이 재수출되는 현상을 말한다. 이는 자유무역지역을 창설했을 때 전형적으로 우려되는 현상이고 유럽연합에서도 문제가 되고 있다. 과거 동독의 상품이 서독으로 무관세로 유입되어 전 유럽연합으로 흘러간 것이라든가, 저율의 이스라엘 농산물이 독일로 수입되어 스페인이나 프랑스의 농산물과 마찰을 일으킨 경우가 이에 해당된다. 이럴 경우에 대비하여 원산지 증명이 필요하다. 정인교, "지역무역협정의 무역굴절 효과 추정 방법의 모색-'특혜원산지규정'의 측면에서-,"『KIEP 세계경제』대외경제정책연구원, 1999, pp. 115-131.

95) Jacques H.J. Bourgeous, "The Commercial Policy-Scope and Nature of the Powers," in E.L.M. Voker (ed.), *Protectionism and the European Community* (Denventer: Kluwer Law and Taxation Publishers, 1987), pp. 3-4.

96) Woodcock, *op. cit*, p. 382.

97) Elsig(2002), *op. cit*., p. 33.

98) Manfred Elsig, *The EU's Common Commercial Policy-Institution, Interests and Ideas* (Burlington: Ashgate Publishing, 2002)를 참조.

99) Stephen Woolcock, "The potential impact of the Lisbon Treaty on European Union External Trade Policy," *Swedish Institute Policy Studies*, European Policy Analysis No. 9, Stockholm, 2008, p. 5; Bungenberg, Marc. *The Common Commercial Policy after Lisbon*. Paper presented at the Hebrew University Jerusalem. http://www.iisd.org/pdf/2007/itn_mar16_2007.pdf (2011년 6월 15일 검색)

100) European Commission. Roadmap: Proposal for a Regulation of the European Parliament and the Council establishing transitional arrangements for international investment agreements between Member States and third countries, 2010 참조.

101) Nadia Klein, Tobias Kunstein, and Wulf Reiners, "Assessing EU Multilateral Action: trade and Foreign and Security Policy Within a

Legal and Living Framework," *MERCURY E-paper*, No. 6, October 2010 참조.

102) 한-EU FTA는 EC조약에 따라서 협상이 진행되었기 때문에 투자 관련 부분은 빠져 있다. 따라서 한국과 유럽연합 회원국들이 개별적으로 맺은 BIT는 유럽연합과 한국간의 BIT로 통합될 가능성이 있다. Erik Belfrage, *A Modern Trade Policy under the Lisbon Treaty*, EU Trade Policy Group, 2010. http://www.ecipe.org/tpsg/A%20Modern%20Trade%20Policy%20for%20The%20European%20Union.pdf (2011년 6월 19일 검색)

103) Woolcock (2008), *op.*, *cit.* pp. 10-15.

104) 한편, 공동체 이익이라는 개념은 역내 산업에 유리한 환경을 조성하기 위한 것이라는 의심도 가능하다. 실제로 이 개념의 운용 사례를 보면 의외로 공동체 이익에 합치되지 않는다는 이유로 반덤핑 조치가 부과되지 않는 경우도 많다. 최근에는 중국, 베트남 산 신발류에 대한 반덤핑관세 부과 연장문제를 결정함에 있어서도 회원국들이 공동체 이익 합치 여부를 놓고 논쟁이 가열되고 있다. 영국 산업부 장관 Peter Mandelson(전 EU 통상담당 집행위원)은 반덤핑관세 부과는 공동체 이익에 반한다는 기사를 내기도 하였다. (2010년 11월 9일 Financial Times) 최근에는 기업들의 공급망이 글로벌화 되었기 때문에 같은 유럽기업들 사이에도 반덤핑조치 제소자(complainant)와 피제소자(respondent)로 만나는 경우도 자주 생긴다. 특히 수입업자들의 의견은 유럽연합 집행위원회의 공동체 이익 결정에 있어서 상당히 중요하다.

105) Angelos Domopoulos, "The Effects of the Lisbon Treaty on the Principles and Objectives of the Common Commercial Policy," *European Foreign Affairs Review* 15, 2010, p. 168.

106) Domopoulos (2010), *op.*, *cit.* pp. 153-170.

107) 1957년 3월 25일 로마조약의 체결로 창설된 경제공동체로서 목적은 관세동맹, 경제 및 화폐동맹과 회원국 간이 상품·사람·서비스 및 자본의 자유이동을 이룸으로써 공동의 경제·산업·사회·재무, 및 재정정책을 지닌 단일시장을 형성하는 것이다. 로마조약은 1958년 1월 1일로부터 효력을 발휘했다. 창설 회원국은 프랑스, 독일, 이탈리아, 베네룩스 3국 등 6개국이다.

108) 무역창출이란 관세동맹 형성 이전에는 상품의 공급이 생산비용이 높은 자국의 생산에 의해서 이루어 졌으나, 관세동맹 형성 이후에는 생산비용이 더 낮은 동맹국으로부터의 수입에 의하여 대체되는 것을 의미한다. 반면, 무역전환이란 회원국이 특정 상품을 가격이 낮은 역외국가로부터 수입하였으나 관

세동맹의 형성으로 인해 가격이 더 높은 동맹국으로 수입대상을 전환하는 것을 의미한다. 이 경우에 있어서는 역외국과 동맹국 간 생산비 차이보다 해당 회원국이 역외에 대하여 적용하는 대외공동관세율이 더 크기 때문이다. 이때에는 국제적으로 비효율적인 자원배분을 가져올 뿐만 아니라 해당 회원국의 후생을 감소시키게 된다는 것이 바이너(Viner)의 주장이다. Jacob Viner, *The Customs Union Issue* (New York: Anderson Kramer Associates, 1961) 참조.

109) Robert C. Hine, *The Political Economy of European Trade* (Brighton: Harvester Wheatsheaf, 1985), p. 76.

110) Charles Cooper and Benton F. Massel, "A New Look at Customs Union," in: M. B. Krauss (ed.), *The Economics of Integration* (London: Allen & Unwin, 1973) 참조.

111) 또 하나의 기업의 축적전략 변화와 관련해서 주목되는 것은 '기업형태'의 변화라 할 수 있다. 생산과 교환이 범지구적으로 이루어지게 되면서 초국적기업들은 자신들의 생산거점 및 판매거점을 연결하는 '네트워크 형태'의 조직을 갖추기 시작했다. 이 제도적 혁신은 디지털 혁명으로 상징되는 통신기술의 발전을 토대로 현실적으로 가능하게 되었다. 게다가 첨단기술 분야에서의 초국적 기업들의 상호협력 네트워크인 '전략적 제휴'(strategic alliance)가 증가했다. 특히, 급격하게 변하는 첨단기술의 영역에서 단일 대기업이 투자위험을 관리하는 것이 점차 어려워짐에 따라 이 전략적 제휴가 증가하게 되었다. 이 전략적 제휴는 세계정부가 부재한 상황에서 기업 자신들이 국민국가의 묵인하에 스스로 생산의 일반조건을 제공하는 역할을 하면서 생산된 '유사공공재'(quasi-public good)의 형태를 띠고 있다. 이와 같이 세계정부가 부재한 상황에서 국민국가를 넘어선 기업들 사이의 전략적 제휴가 처할 가능성이 있는 '위험'이라는 불확실성을 제거하기 위해서는, 개별 국민국가가 그 제휴를 승인하거나 또는 그 기업들에게 공공재를 제공하는 것이 아니라 국민국가 상위에 존재하는 기구가 그 역할을 수행하는 것이 효율적일 수 있다. 유럽연합 내의 초국적 기구가 공공재를 생산할 수 있는 조건이 형성된 일차적 원인은 이와 같은 기업전략 및 기업형태의 변화로부터 추론이 가능하다. John Gerard Ruggie, "At Home Abroad, Abroad at Home: International Liberalization and Domestic Stability in the New World Economy," *Millenium*, vol.24, no.24. 3, 1995, p. 521.

112) *Ibid.*, pp. 76-78.

113) Alan Matthews, *EC Trade Policy and the Third World: An Irish Perspective* (Dublin: Trocaire, 1991), pp. 79-83.
114) 이러한 관세구조 하에서, 개발도상국들은 완성품의 가격에 부가가치 품목의 구성 비율이 적으면 적을수록 주어진 관세에 대한 효율적 보호의 수준은 더욱 커지기 때문에 관세에 대해서 가장 민감하다. 이와 같은 품목은 개발도상국들이 수출전략상품으로 내세우는 단순가공품들(가공음식, 섬유, 신발 등)이다. *Ibid.*, p. 82.
115) 김세원(2004), *op. cit.*, p. 548.
116) GATT, *The European Communities*, Trade Policy Review (Geneva: GATT, 1993), vol.2, pp. 43-44.
117) Finn Ola. Jostad, "Interactive Levels of Policy-Making in the European Union Commercial Policy," *Advanced Research on the Europeanisation of the Nation-State*, Working Papers 97/13, Norway, 1997.
118) 슈크네히트는 산업의 정치적 영향력이 반덤핑규정의 적용을 결정하는 중요한 변수로 작용한다는 실증분석을 제시하고 있다. 실증분석에서 정치적 영향력은 부가가치, 고용자의 수, 이익을 대표하는 잘 조직된 협회의 존재여부 등이 변수를 통해 측정되었으며, 이 모두는 긍정적인 기호로 나타났다. Ludger Schuknecht, *Trade Protection in the European Community* (Paris: Harwood Academic Publishers, 1992) 참조.
119) 1993년 1월부터 실시된 공산품에 대한 품질인증마크(CE)는 현재 건설기자재, 압력용기, 통신단말기, 위성수신기기, 기계류 및 의료장비 등 20개 제품군에 달하며 CE마크 부착이 의무화되었다. 이와 더불어 공동환경정책의 일환으로 1992년부터 실시되고 있는 환경라벨(Eco-label)제도는 세탁기, 냉장고, 식기세척기 등 15개 제품군을 대상으로 하고 있으며 에너지라벨 제도도 함께 실시되고 있다. 김세원(2004), *op. cit.*, p. 560. 참조.
120) 수입량 제한은 유럽연합이 공동통상정책을 수립하는 과정에서 가장 논란을 빚었고 또 지연을 가져온 부문이다. 역내 수입쿼터의 철폐에 있어서는 유럽경제협력기구(OEEC: Organization for European Economic Cooperation)의 태두리 내에서 수입자율화 계획의 성공적인 추진에 따라 유럽공동체가 설립될 무렵에 이미 자율화율이 95% 내외에 이를 정도로 상당히 실현되었다. 문제는 유럽연합 회원국들이 역외국가에 대하여 실시해 온 국별, 품목별 수입쿼터

로서 그중에서도 개별협정에 의하여 연장된 경우도 허다했다. 대표적인 예가 1963년 체결된 장기면직물협정(Long-term Arrangement on Cotton and Textiles)며 이 협정은 그 후 1974년 섬유류로 확대되었을 뿐만 아니라 협정 기한이 3년마다 연장을 거듭하게 되었다. 이 협정은 총체적인 운영을 규정하고 있으며 회원국들은 이 테두리 내에서 개별적으로 2국 간 체결하였는데, 그 중요한 정책수단은 협상에 의한 수출국 자율규제(VER)의 실시였다. 김세원(2004), op. cit., p. 548.

121) Theodore Hitiris, *European Community Economics* (2nd ed.), (Hemel Hempstead: Harvester Wheatsheaf, 1991), p. 204; Alan Matthews, *EC Trade Policy and the Third World: An Irish Perspective* (Dublin: Trocaire, 1991), p. 74; Gene M. Grossman, "Strategic Export Promotion: A Critique," in Paul R. Krugman (ed.), *Strategic Trade Policy and the New International Economics* (London: MIT Press, 1986), pp. 145-188.

122) Cristopher Milner and David Allen, "The External Implication of 1992," in Dennis Swann (ed.), *The Single European Market and Beyond* (London: Routledge, 1992), p. 167.

123) Commission of the European Communities, *The European Community as a World Partner*, European Economy, no.52, 1993, p. 195.

124) Willy De Clercq, "1992: The Impact on the Outside World," *European Access*, November 1988, p. 11.

125) 규정은 일반 교역과정에서 실제 지불되거나 수출국의 소비자 시장에서 지불될 가능성이 있는 가격으로 정의할 수 있다. 반면, 수출가격은 유럽연합에 수출하기 위해서 실질적으로 지불되었거나 지불될 수 있는 세금을 빼고 상황에 따라 세일 가격과 사실상 인정된 환급금과 가격할인을 포함하지 않은 가격이다.

126) 유럽연합 27개국의 2007년도 대미수출액을 보면 2610억 유로(2000년 2380억 유로)이다. 그중 독일이 최대 수출국으로 730억 유로로 전체 수출의 28%를 기록하였으며 영국(450억, 17%), 프랑스(250억, 9%), 이탈리아 (240억, 9%)가 그 뒤를 이었다. http://www.koreanmissiontoeu.org/main/index.php (2008년 6월 4일 검색)

127) Jacob Kol and B.M. Mennes, "Trade Policies in the Netherlands"

in Dominick Salvatore (ed.), *National Trade Policies*, Studies in Comparative Economic Policies, Vol. 2, No. 6, 1992, p. 271.

128) 그러나 영국이 자유무역체제로 전환하고 유지할 수 있었던 기반에는 선진화된 기술력을 지녔기 때문이라는 사실과 기술력 뒤에 숨어 있었던 오랜 기간 동안 유지된 높은 관세장벽이 있었다는 사실에 주목해야한다. 19세기 중반에 발생한 영국경제의 전반적인 자유화는 자유방임에 의해 이룩된 것이 아니라 정부의 감독 하에 진행된 고도의 관제(管制) 사건임에도 주목해야 한다. 장하준, 『사다리 걷어차기』(서울: 부키, 2005), p. 55.

129) Frits W. Scharpf, "What Have We Learned? Problem-Solving Capacity of the Multi-Level European Polity," *Max-Plank Institute for the Study of Societies*, Working Paper 01/04, Germany 2001b을 참조.

130) 이종서, 『유럽연합, 유럽화, 제도』(서울: 한국학술진흥정보, 2006), p. 169-199. 회원국들의 요구로 결국 중국의 2008년 1월 1일부로 쿼터가 폐지된 섬유관련 품목은 대EU 섬유수출의 20% 이내에 불과하다.

131) 2007년 포르투갈의 실업률은 유로존 평균인 6.9%를 훨씬 상회한 7.8%를 기록했다. 이는 중국, 인도 등 개발도상국들의 세계시장 진출로 인해 경쟁력을 잃은 포르투갈의 기업들 특히 섬유, 신발분야와 같은 전통적인 수출기업들이 폐쇄된 것이 가장 큰 이유이다. 포르투갈에서는 2007년 4천여 개의 기업들이 파산신고를 했다. 이는 전년대비 62.7%가 증가한 수치이다. 2008년 세계은행이 발표한 기업환경보고서에 따르며 그리스의 투자자 보호는 2005년 166위, 2006년 156위, 2007년 158위로 최하위권에 속해 있어 외국인직접투자 기피원인으로 작용하고 있다. 『연합인포맥스』, 2008년 1월 30일 검색.

132) http://www.hankyung.com/news/app/newsview.php?aid=2008061411391&intype=1 (2008년 6월 11일 검색)

133) GATT 6조, 12조, 23조의 내용은 주로 보조금과 상계관세(Subsidies and Countervailing Measures)로 공산품에 대한 수출보조금은 원칙적으로 금지하고 농산물에 대한 수출보조금은 과거 일정기간의 국제시장점유율을 벗어나지 않는 범위 내로 제한할 것과 상계관세의 발동요건을 구체적 피해(material injury)로 명시하였다.

134) Commission of the European Communities, *The European Community as a World Partner*, European Economy, no.52, 1993, p. 196.

135) Commission of the European Communities, *Twelves Annual Report from the Commission to the European Parliament on the Community's Anti-Dumping and Anti-Subsidy Activities* (COM (95) 16 Final), Brussels, 15 February 1995, pp. 1-23.
136) WTO 보조금협정 제31조는 제6.1조와 허용보조금에 관한 제8조, 제9조의 경우 WTO 보조금협정 발효일로부터 5년 동안 적용되고 동 기간의 종료 이전 180일 전까지 동 규정의 운영을 검토하도록 규정하였으나 위원회는 만료기간까지 이에 대한 합의를 이루지 못하였다.
137) WTO 보조금협정 제6.4조: '상대적인 시장점유율의 변화'는 다음의 상황 중 어느 하나를 포함하여야 한다. (a) 보조금을 받은 상품의 시장점유율이 증가하는 상황, (b) 보조금이 없었더라면 시장점유율이 감소하였을 상황에서 보조금을 받은 상품의 시장점유율이 일정하게 유지되는 상황, (c) 보조금을 받은 상품의 시장점유율이 감소하나 보조금이 없었을 경우보다 느린 속도로 감소하는 상황. 최승환, 『EU보조금규정 및 상계관세사례연구』(서울: 경희대학교 출판국, 2004), p. 29서 재인용.
138) 조치가능보조금의 경우는 피해, 무효화 및 침해, 또는 심각한 손상에 관한 입증이 수반되어야 한다. (WTO 보조금협정 제7조) *Ibid.*, pp. 100-120.
139) 제소의 건수보다 결정의 수가 많은 이유는 개별사례가 수출업자 혹은 몇몇의 국가와 연관이 되어 있기 때문이다. *Ibid.*, p. 197.
140) GATT, *Trade Policy Review: The European Communities* (Geneva: GATT, 1993), vol.2, p. 72.
141) Brain Hindley, "Trade Policy of the European Community," in Patrick Minford (ed.), *The Cost of Europe* (Manchester: Manchester University Press, 1992), pp. 89-96.
142) *Ibid.*, pp. 69-100.
143) Peter Montagon, "The Trade policy Connection," *European Competition Policy* (ed.), (London: Pinter Publishers, 1990), pp. 78-79.
144) 1986년에 탄생한 Eurocities는 유럽내 대도시들이 공통적으로 겪고 있는 사회적, 환경적 문제에 효과적으로 대처하기 위해 유럽내 30개국에 걸쳐 120여개 주요도시들이 참여하고 있는 정책네트워크이다. 특히 Eurocities는 상설 포럼을 개최하여 도시가 안고 있는 환경문제, 대중교통문제, 그리고 외국인 이주자문제로 인한 사회갈등 등 공동대응책 마련에 심혈을 기울이고

있다. 중요한 것은 Eurocities는 유럽연합 집행위원회에 도시 관련 의견을 제시하는 수준을 넘어서는 역할을 하고 있다는 점이다. EU의 초국적 기관이 공공재, 서비스, 공공사업에 따른 물품 구입에 드는 비용은 EU 전체 GDP의 약 16%를 차지한다. Eurocities Knowledge Society Forum (2005), "E-citizenship for All : European Benchmark Report 2005," Deloitte 참조.

145) 여기서 사회적 상품이란 고용을 유발하고, 안전한 작업환경 하에서 생산된 상품을 말한다. 특히, 피고용인에 대한 사회보장, 남녀 차별과 장애인 차별이 없는 상황, 즉, 동등한 기회와 접근가능성을 통해 생산된 상품을 의미한다.

146) 1990년 구매에 있어서의 환경적 요구사항 모델이 스톡홀름 시에서 개발된 이후 시에 입찰하는 모든 공급자들은 환경선언을 제출하여야 하며, 이를 통해 각각의 조달에 대한 환경성 분석이 이루어진다.

147) European Commission, *Buying Green*, A handbook on environmental public procurement, 2004.

148) McCrudden, Christopher, *Buying Social Justice*, (Oxford: Oxford University Press, 2001) 참조.

149) European Commission, Communication to the Council on "Fair Trade," COM 1999/619.

150) Agenda Transfer and Servicestelle Lommunen in der Einen Welt, Faires Beschaffungswesen von Kommunen, 2003.

151) 도시뿐만 아니라 기업체도 가난한 가족의 경제적 영향을 최소화하기 위한 장치로서 공동대책을 마련하고 있다. 이와 같은 사례는 1994년 설립된 러그마크 재단을 들 수 있다. 러그마크 상표를 쓰고자 하는 양탄자 제조업체는 14세 미만의 어린이를 고용하지 않으며 공정한 성인 임금을 지급하고 불시의 러그마크 감독 조사를 인정하며 상표가 붙은 모든 양탄자가 무릎덮개의 판매 내역을 러그마크에 알린다는 것을 약속하는 법적 구속력이 있는 계약서를 체결해야 한다. 러그마크는 가정에서 어린이들이 학교수업이 끝난 후 부모를 도와 한두 시간 짠 무릎덮개와 양탄자는 아이들이 정규 학교에 다닌다는 전제 아래 인증해 준다. 러그마크는 불법적으로 일하는 어린이를 발견하면 갱생교육원으로 데려가서 가족과 다시 결합할 수 있도록 방법을 찾는다. 또한 아이들을 멀리 떠나보낸 가족의 문제점을 찾아내 처리한다. http://www.eurocities.org/carpe-net/site/article.php?id_article=

27 (2008년 5월 19일 검색)
152) Slike Moschitz (2005), *op. cit.*, pp. 33-34.
153) Social Enterprise UK, Procurement-Social Enterprise Solution, 2004.
154) European disability Forum. EDF Guidance Paper on the implementation of the EU Public Procurement Directive, 2004.
155) Brian Hanson, "What Happened to Forest Europe?: External Trade Policy Liberalization in the European Union," *International Organization*, vol.52, 1998, pp. 55-85.
156) Helen Wallace, "The Institutional Setting," in H. and W. Wallace (eds.), *Policy-Making in the European Union* (Oxford: Oxford University Press, 2000b), pp. 37-68.
157) "SMEs in Europe, Including a First Glance at EU Candidate Countries." *European Commission*, 2002, p. 13.
158) Maria Green Cowles, "Setting the Agenda for a New Europe: The ERT and EC 1992," *Journal of Common Market Studies 33*, 1995, pp. 501-526.
159) Fabio Franchino, "Institutionalism and Commission's Executive Discretion: an Empirical Analysis," *Vienna University of Economics and Business Administration*, European Online Integration Papers 1998-006, Austria, 1998을 참조.
160) Miriam L. Campanella, EU *Economic Governance and Globalization* (Aldershot: Edward Elgar, 2003), pp. 1-30.
161) Stephen Woodcock, and Michael Hodges, "EU Policy in the Uruguay Round." *In Policy-Making in the European Union*, edited by Hellen Wallace and William Wallace (Oxford: Oxford University Press, 1996), p. 305. 산업 및 고용협의체의 설립 목적은 사실상 유럽차원의 관세동맹을 발전시키고자 하는 목적보다는 집행위원회의 행동을 감시하고 감독하는 '방어 메커니즘'을 창출하려고 했다는 점에서 유럽차원의 집합재(collective good)를 추구하기 보다는 집합적 비재화(collective bad)를 피하려는 것이 초기의 목적이었다.
162) Pieter Bouwen, "The Democratic Legitimacy of Business Interest

Representation in the European Union: Normative Implications of the Logic of Access," *Max Planck Project Group on the Law of Common* Goods, Working Papers, Germany, 2003, pp. 46-48.

163) Cowles(1992), *op. cit.*, pp. 44-70.

164) Michael W. Bauer, "The EU Partnership Principle Revisited? A Critical Appraisal of Administrative Arenas," *Max Plank Project Group on the Law of Common Goods*, Working Papers 01/13, 2001, Germany, pp. 1-13; Jan Bayers," Voice and Access-Political Practices of Diffuse and Specific Interest Associations in European Policy Making," *Advanced Research on the Europeanisation of the Nation-State*, Working Papers 02/39, Norway, 2002b, pp. 3-15.

165) Giandomenico Majone, "The Credibility Crisis of Community Regulation," *Journal of Common Market Studies*, vol.38, no.2, 2000, pp. 295.

166) Patrick A. Messerlin, "Bureaucrats and Politics," *Journal of Law and Economics*, vol.18, 1975, pp. 617-643.

167) Patrick A. Messerlin, "The Political Economy of Protectionism: The Bureaucratic Case," *Weltwirtschafliches Archiv*, vol.117, 1981, pp. 480-485.

168) Robert E. Baldwin, "The political Economy of Protection," in Jagdish N. Bhagwati (ed.), *Import Competition and Response* (Chicago: University of Chicago Press, 1982), pp. 263-286; Judish Goldstein, "The Political Economy of Trade: Institutions of Protection," *American Political Science Review*, vol.80, no.1, 1986, pp. 161-184.

169) Messerlin(1981), *op. cit.*, pp. 470-471.

170) Luther Gulick, "Notes on the Theory of Organization. With Special Reference to Government," in L. Gulick and LF. Urwick (eds.), *Papers on the Science of Administration* (New York: Institute of Public Administration, Columbia University, 1937), pp. 79-94.

171) Jeffrey Pfeffer, *Organizations and Organization Theory* (Boston: Pitman, 1982), p. 277.

172) Philip Selznick, *Leadership in Administration. A Sociological*

Interpretation (Berkeley: Berkeley University of California Press, 1957), pp. 151-177.

173) 서기국(Secretariat-General)은 EU위원회의 고위 중앙관료 기구로서 집행위원장에게 사안을 직접 보고하며, 사무 총국과 기타 기구들의 전반적인 업무를 집행위원장과 행정적으로 연결하는 역할을 맡고 있다. 윤현수, 『EC 1992』 (서울: 을지서적, 1991), p. 144.

174) Morten Egeberg, Transcending Intergovernmentalism? Identity and Role Perceptions of National Officials in EU Decision-Making, *Journal of European Policy* 6/3, 1999, pp. 456-474.

175) Morten Egeberg, *The European Commission-the evolving EU executive*, Advanced Research on the Europeanisation of the Nation-State, Working Paper WP 02/30, 2003. p. 19.

176) 비서국의 기본적 기능은 집행위원의 자문역할이라고 할 수 있으며 집행위원과 관련된 사안을 여과하는 역할을 수행한다. 이 같은 편집기능은 다른 집행위원의 비서국과 혹시 중첩되어 발생할지도 모르는 논쟁사안에 대한 사전 조율을 위함이라 할 수 있다. 상호책임의 원칙에 따라서 각각의 비서국들은 현재 집행위원회에 제출된 모든 서류를 검토한다. 따라서 집행위원회의 비서국은 외부로부터 자신들에게 위탁된 사안들에 관한 정보를 공유해야만 한다. 일주일 단위로 열리는 비서국 회의에 앞서 집행위원회의 사전업무조율이 가능하도록 비서국 수정회의가 진행된다. 이와 같은 내부 비서국 회의는 자연적으로 비서국이 중재자로서의 역할을 수행할 수 있게 한다. 또한 비서국은 집행위원들과 그들의 모국정부간의 연락사무소 역할을 한다. 즉, 그들은 집행위원에게 자국의 관점에서 본 새로운 정보를 정책입안과정에 앞서 전달한다. Anne Stevens and Handley Stevens, *Brussels Bureaucrats? The Administration of the European Union* (Basingstoke: Palgrave, 2001) 을 참조.

177) 프로디 집행위원장 이후 이와 같은 비서국 시스템은 변화했다. 예를 들면 비서국은 반드시 다국적 직원으로 충원되어야만 했고 비서국의 크기가 축소되었다. 따라서 현재는 적어도 세 명의 다른 국적을 지닌 인원이 반드시 비서국 내에 있어야만 하고 비서국 의장은 집행위원의 선호와 다른 국적을 가진 인물이어야만 한다. 더욱이 적어도 비서국 직원들의 절반은 외부 영입이 아닌 내부에서 충원되어야만 한다. 이 같은 사실로 미루어보아 국적이 실질적으로 비서국 내에서 중요한 역할을 한다는 것을 예상할 수 있다. Edward C.

Page, *People Who Run Europe* (Oxford: Clarendon Press, 1997), pp. 23-34.

178) 독일, 벨기에와 같은 연방국가 출신의 공무원들의 대부분은 유럽연합의 통합의 목표를 단일국가로 설정하는 것이 아니라 연방국가의 형태로 둔다. 이는 어느 정도 그들의 국가적 배경이 원인이라고 볼 수 있다. 그리고 국가행정기관으로부터의 경험 또한 자국에서의 업무스타일을 그대로 반영한다고 볼 수 있다. Morten Egeberg, *Organization and Nationality in the European Commission Services*, Public Administration, 1996, pp. 721-735.

179) Heyes(2006), *op. cit.*, pp. 139-141.

180) Messerlin(1981), *op. cit.*, pp. 489-490.

181) 회원국 정부와 공공기관은 기업에 의해 생산된 생산물의 가장 중요한 구매자이며 기업은 가장 중요한 납세자이다. 특히 군사장비, 건설을 비롯한, 병원이 국립으로 운영되고 있는 국가일 경우 국가와 기업의 관계는 더욱 밀접할 수밖에 없다. 전통적으로 공공기관은 단지 시장의 힘에 의해 통제될 뿐만 아니라 그들의 구매력으로 시장을 통제한다고 볼 수 있다. 특히 그들은 국가차원 및 지역경제와 기업의 성장을 위해 그들의 권력을 사용한다. 이와 같은 목적의 공공 구매는 탈냉전시기에 들어서면서 부분적으로는 군사용 장비구매에 대한 지출감소, 경쟁을 통한 구매라는 유럽연합의 시장 압력의 증가에도 불구하고 그 중요성은 줄어들고 있지 않다. Neill Nugent and R. O'Donnell, *The European Business Environment* (London: Macmillan Press Ltd, 2004), pp. 9-35.

182) Martin Smith, "Competitive Co-operation and EU-US Relations: Can the EU be a Strategic Partner for US in the World Political Economy?," *Journal of European Public Policy*, vol.5(4), 1998, pp. 561-577.